ビストロ流

谷昇シェフの
スープと煮込み

ル・マンジュ・トゥー
谷 昇
Noboru Tani

世界文化社

煮込み料理が心に響くわけ

煮込みに関していうと、どうもよくわからないところがあります。この前に作ったときと同じように調理しているはずなのに、でき上がってくる味はいつも微妙に違うのです。料理の技術や知識とは別に、鍋の中で素材たちが互いに影響しあって、自然に味を作っているとしかぼくには考えられません。

ですから、とてもおいしくできたとき、ぼくは「かまどの神様」が微笑んでくれたのだと思うことにしています（ちなみに、かまどの神様とはエスティア Hestia。ギリシャ神話の女神のひとりです）。ぼくがその味作りに貢献している度合いなど本当にささやかなものなのです。だから、もしもみなさんが煮込みを作っているときに神様が手を貸してくれれば、もしかするとプロの料理人が作った煮込みよりおいしくなるかもしれません。煮込み料理にはフランス料理がもっと素朴だった時代の味わいが残っています。家庭の温かさ、母親のようなやさしさが伝わってくる料理です。でき上がった料理だけでなく、ことこと煮えている音も、肉や野菜が煮えるにおいも、鍋から上がる湯気も、心を和ませるやさしさが感じられます。そんなやさしさが心の奥の柔らかな部分に響いてくるのです。煮込み料理は、誰もが大人になっても持ち続けている心の奥の柔らかな部分にそっと届く料理だと思えてなりません。

定番シチューをビストロ仕立てで……38

本書の表記について
●大さじ1＝15㎖、小さじ1＝5㎖です。
●オリーブ油と表記してあるものはすべてエキストラバージンオリーブオイルです。
●小麦粉はすべて強力粉を使用しています。
●バターと表記してあるものはすべて食塩不使用のバターです。
●生クリームは乳脂肪38％を使用しています。
●卵はL玉を使用しています。
●鶏ガラスープは、湯1ℓに鶏ガラスープの素（顆粒）10gを溶いたものを使用しています。
●「塩ひとつまみ」とは親指、人さし指、中指の3本の指先でつまんだ量をさします（通常は1.2
　〜1.5gほどなので、1g強と覚えるといいでしょう）。
●鍋は具体的な指定がない限り、表記してあるサイズは目安です。参考にしてください。
●フライパンはフッ素樹脂加工のものを使用しています。

フレンチ煮込みを
おいしく作る11のコツ

煮込みはおいしさを積み重ねる料理です。

素材、下ごしらえ、炒め、煮汁……途中で何度も味みをして

「うん、おいしい！」を確認しながらおいしい煮込みにしていきます。

素材は生でかじってみますし、玉ねぎを炒めたらおいしく炒まっているかどうか味をみます。

味は時間や分量、においや見た目ではわかりません。

おいしく作るにはきちんと舌で味をみること、それがぼくの方法です。

プロだって味みをしないと不安になります。

あとは以下の11項目を理解すれば大丈夫です。

1
肉の味は煮込む前につける

よくよく煮込んでも、肉や魚介の芯まで煮汁の味がしみることはなかなかありません。煮ていくことで肉の旨みが煮汁に出ていくことはあっても、液体から肉に味を入れることは難しいのです。肉をかみしめたときによい味を感じるためには、煮る前にしっかり下味をつけておかなければなりません。

下味の基本は塩です。そして塩をふったらよくもみ込んで最低でも30分はおいてください。料理によっては一晩、ときには1週間おくこともあります。とにかく肉の芯までしっかりと味をつけてから煮ることが大切。肉から出る塩気で、煮汁の塩味をすべてまかなうこともあります。

2
炒めバターは溶け始めに具材を入れる

ほとんどの煮込み料理に「玉ねぎを炒める」工程があります。玉ねぎは多くの場合、バターで炒めて旨みと風味を引き出します。問題は鍋の温度がどのくらいのときに玉ねぎを加えるかです。バターが完全に溶けてからではバターの焦げた香りがついてしまいます。また、バターが完全に溶けるほどに高温になっていると、玉ねぎが焦げや

すいともいえます。玉ねぎはしんなりと半透明に炒めるか、あるいは茶色くくたっとなるまで炒めるか、どちらかであって、黒く焦がしたり、焦がしバターの香りをつけることはありません。バターはまだかたまりが残っているような溶け始めのとき（左の写真）に具材を加えます。

3
肉は先に濃い焼き色がつくまで焼く

フレンチの煮込みでは、煮る前に肉をよく焼きます。これは炒めるのとは違い、濃い焼き色をつけて香ばしい香りを出すためです。以前、教えていた調理師学校の学生を見ていると、みなこの段階での焼きが不足です。表面の色が変わるぐらいではまだまだ。薄茶色がついてもまだ不充分です。そのま

ま食べておいしいところまで焼きます。ここまで焼くと肉の旨みが肉の中に定着し、香ばしい香りが出て、煮込んでも旨みが流出せず、その香ばしさが煮込みの風味を高めてくれます。芯まで火を通す必要はないので、やや強めの火で表面をガリッと焼いてください。

4
肉は水から煮る？
お湯から煮る？

肉を煮るとき、煮立った湯や煮汁に入れるか、水から入れるかで、でき上がりはまるで違ってきます。肉のジューシーさを残して仕上げるには、煮立ったところに入れて煮ます。しかしこの場合は肉から旨みが充分に出ないので、煮汁は

調味料などを使って味作りをする必要があります。一方、もし肉を柔らかく煮ると同時においしいだしも肉から引き出したいなら、肉を水から煮ていきます。ポトフーやポテがこのタイプです。

5
ぐらぐら煮立てない

材料が躍るような強い火力で煮込むと煮汁が濁り、野菜は煮くずれて食感がなくなります。煮込みの火加減は強火にしないことが原則です。実際には煮込みの種類によって火加減は微妙に異なります

が、基本は弱火。ポトフーやポテなど煮汁を透明に仕上げたいものはとくに弱い火でじっくり煮ます。その場合、煮汁の表面はゆらゆらと揺れるくらいの状態で、温度は100℃には達していません。

6
煮たって最初のあくは〝ガバッ〟と大胆にとる

肉を煮始めるとあくが出てきます。このあくはきちんと取り除く必要がありますが、料理教室などの経験から、あくをとる方法に大きな誤解があるようです。表面をぬぐうようにそおっとなでるようにすくう人がいますが、沸いたばかりの煮汁は、まだほとんど旨みの出ていない水みたいなもの。もったいないものではないのでレードルでガバッととってください。きちんと取り除くことが肝心です。水はあとでたせばよいのです。

しかしあくが出てきたからといって、あわててとらないでください。

少し待ってあくに火を通します。待っているうちにもあくが出てきて、あくがあくを吸着してまとまってくるからです。火が通ってふんわり固まってきたら、そこで一気にすくいとります。

この煮立ち始めのあくは、黒っぽくて血の色合いをしていますが、そのあとで出てくるあくは、白くふわふわしています。白いあくはそのままにしても煮汁が濁ったり、味に影響することはほとんどないので、神経質にとる必要はありません。大事なことは、煮立って最初のあくを大胆に確実にとることです。

7
ふたをするか、しないか

煮込み料理の多くは、実は鍋ごとオーブンに入れておけば自然とおいしく煮上がります。全方向からの熱によって、時間とともにほどよくでき上がるのです。しかし家庭のガスこんろでは熱源が一方にしかありませんから放っておいてはおいしく煮えません。煮汁に対流を作って熱を全体にまわしながら煮ていく必要があります。そのために、ふたをはずして煮ていきます。しかし、簡単には浮かない重たいふたがあれば話は別です。オーブンで煮る環境と近くなるので、その場合はぜひふたを利用して煮てください。

8
煮汁が減ったら水をたす

ふたをはずして煮ると、当然水分は蒸発して煮汁が減り、煮汁から上に出た肉の部分は、そこだけ柔らかく煮ることができません。そのため肉が煮えるまでは、煮汁が減ったら適宜水をたしてください。200mlでも300mlでも減った分だけ補います。そして、上に浮いた脂はこまめにとっていきます。

9
煮込み中はむやみに混ぜない

煮込み中に混ぜることはほとんどありません。むやみに混ぜると野菜が煮くずれたり、濁りのもとになります。ぼくが煮込み中に混ぜるのは、ごく最初の段階だけです。肉を煮汁に入れて、沸騰するまでのわずかな間、肉と肉がくっつかないように、肉の隙間をあける気持ちで軽く動かします。隙間に煮汁が流れると、均一に熱が当たります。このとき少し煮汁が濁りますが、それは沸騰したときにあくとなるので、仕上がりが濁ること

はありません。
そして、この煮立ち始めのあくをとったあとは、もうほとんど混ぜません。煮汁に適度な対流ができていれば自然に素材の旨みは混ざっていきます。途中でトマトなどを加えた場合も混ぜません。トマトにほどよく火が入って煮溶ければ、対流にのって自然に煮汁全体にまわるからです。混ぜるのは手間をかけてわざわざ煮込みの味を落とすことだと思います。

10
最後は煮つめる

コツの8で水分が減ったら水をたすと言いましたが、それは肉が柔らかくなるまでのことで、肉が柔らかくなったらもう水はたしません。逆に煮汁を煮つめて、旨みを濃縮させる段階に入ります。肉が煮汁の表面に出ていてもかまいませんし、余裕があるようなら肉を取り出して、煮汁だけを煮つめてもよいでしょう。
煮つめるという作業は、おいしい

フランス料理を作るうえで大切な工程です。ソースなどを仕上げるときにも必ず煮つめるプロセスがあります。味がものたりない煮込みというのは、多くの場合、煮つめ不足がその原因です。煮つめることで煮汁に自然なとろみがついて、素材によくからまり、口に入れたときに濃厚なおいしさを感じることができます。

11
温め直しは弱火でゆっくりと

1日おいた煮込みは、煮込んだ当日よりも味がよくなっていることもあるぐらいにおいしいものです。上手に温めるにはとにかく弱火でゆっくり火を入れることです。煮込みは冷めると煮汁がゼリー状に固まっているので、強火を当てると鍋底の部分だけが溶けて焦げてしまいます。弱火でじわじわ溶か

しながら温めてください。溶けた煮汁がちょうど火山のマグマのように下から湧くように出てきます。そうなったら木べらで温まった煮汁を全体にまわします。温まった汁が充分にまわったら水少々を加え、煮汁の温度を一定にして具の芯に熱が入るようにゆっくり温めていきます。

調理道具 Check!

「ル・マンジュ・トゥー」のキッチンはいつもぴかぴかに磨き上げられ、プロの料理に必要不可欠で合理的にセレクトされた調理道具が整然と置かれています。もちろんプロならではの道具もありますが、家庭でも、絶対にあったほうがおいしく作れる道具や、使い勝手のよいものを教えてもらいました。「でも、スープや煮込み料理には、何も特別なものは必要ありません。オーソドックスだけど使いやすいもの、それを使う目的をよく考えて吟味することです。また長く使うものか、消耗品なのかで選ぶ基準も違います。調理道具はたくさんあるより、必要最小限のほうがストレスもないように思いますね。結局、自分が使いやすいものが使用頻度も高くなっていくのですから」。

ゴムべら

こし器に注いだポタージュをこし出したり、鍋の中のソースを混ぜたり、それを残さずきれいにとり出すときなどに使います。へら部分は薄手で柔らかいほうが使いやすく、また柄と一体になっているほうが汚れが隙間に入らず衛生的です。ゴムは時間がたつと堅くなるので、消耗品と割り切ってすぐに取り替えましょう。

トング

ステンレス製の大きなはさみです。菜箸よりもしっかりとつかめるので作業がスムーズにできることが多々あります。肉を焼いていて返すとき、ゆでたパスタを取り出したり、シチューの具をきれいに皿盛りするときなど、プロのキッチンでは欠かせないものです。汁の中から柔らかくて丸い具材を取り出すのは、菜箸ではけっこう大変ですから。

木べら

ソテーするときにどうしても必要な道具です。フレンチのソテーでは鍋底にこびりついた旨みをこそげとることが味作りの重要な工程です。菜箸では混ぜることはできても、鍋底のおいしさの素をこそげることはできません。野菜を炒める、煮汁を煮つめるときには必ず木べらを使うようにしましょう。

シノワ

網を張ったものと、ステンレスの板にパンチングで小さな穴をあけたものの2種類があります。網のほうはポタージュをこしたり、煮汁をこすときに使います。パンチタイプのものは大変頑丈で、魚介のあらを麺棒でたたきつぶしながらこすこともあります。プロは大きなものを使いますが、家庭なら直径15cm前後のものでもよいでしょう。目の細かいざるやこし器を賢く使って代用してもよいです。

テーブルブレンダー

なめらかなポタージュを作るために。写真はジュース作りから下ごしらえ、スープにする加熱調理までの機能をもつプロ仕様。もちろん家庭用のミキサーでも大丈夫です。パワーに見合った分量を撹拌するようにしてください。入れすぎは均一に仕上がらないので禁物です。使ったらすぐに洗って清潔に保ちましょう。

煮込み鍋

煮込み料理には鍋全体にむらなく熱が伝わる厚手の鍋が向きます。薄手のものは焦げつきやすく、材料にじっくりと火を通すことが苦手です。この本では厚手の鋳物ほうろう鍋を使いました。ふたがずっしりと重く、熱が逃げないため、ことこと煮ていくには最適です。

本書では直径20〜25㎝サイズの鍋を使用。それほど深さはなくても、作る分量と料理内容を考えて決めれば大丈夫。

圧力鍋を使うなら

ふたをぴったり閉めることで、調理中の蒸気を閉じ込め、中の圧力を上げ、高温で調理する鍋です。圧力は鍋の種類によって異なり、温度は110〜120℃になります。高温で加熱することで、煮込み時間が短縮でき、時間がないときには店でも重宝しています。写真は低圧と高圧の切り替えができるタイプです。高圧なら1kgの牛すね肉を30分で、低圧なら40分で柔らかくすることができ、通常の1/3の煮込み時間ですみます。ビーフシチューや豚の角煮など、堅い肉を煮る、時間のかかる料理には賢く利用したいものです。野菜をいっしょに煮る料理や煮汁を澄ませたいものには向きません。

圧力鍋を使えば、堅い肉をとろとろに柔らかく煮るのもあっという間。調理時間を短縮する強い味方です。

寸胴タイプか
広口の浅いタイプか

ポトフーのように最後までたっぷりの煮汁を残して煮続ける煮込みと、ラタトゥイユのように最後にはほとんど汁気がなくなるように煮込むのでは、厳密にいうと適した鍋の形が違います。汁を残すには、水分の蒸発が少なく、煮汁に大きな対流ができる鍋、つまり深さがあってそれほど口が広くない寸胴といわれる形が最適です。ブイヨン作りも寸胴がいちばん向いています。これに対してラタトゥイユやミロトンのように汁気がほとんどなくなるまで煮る料理には、口が広い鍋が適しています。こうした鍋に材料を広げて煮込むと水分の蒸発が早く、野菜などが煮くずれる前に煮汁がほどよく煮つまります。本格的に煮込みに取り組むなら、この2タイプの鍋を使い分けるとよいでしょう。

サイズは具材との
バランスで決める

煮込む材料を見て、どの大きさの鍋を使うかを決めます。鍋が大きすぎるとひたひたの煮汁を用意するのに必要以上に水分を入れなくてはならず、仕上がりが水っぽくなりますし、逆に小さいと材料をぎゅうぎゅう詰めすることになり、煮汁の対流ができないので不均一に煮えてしまいます。とくに肉と肉が密着した状態のままでは、隙間がないのであくが出にくくなり、おいしく煮ることができません。鍋は材料を入れて少しゆとりがある大きさを選んでください。といっても実際には、この本では4〜6人分の煮込みとスープをすべて直径20〜25㎝の鍋を使い分けて調理しました。家庭ではこのぐらいのサイズの鍋があれば問題ないでしょう。

80%前後

汁面までの容積に対して、具材の占めるほどよい割合は80％ぐらい。鍋サイズ選びの基準に。

1 野菜が香る
季節のスープ

フランス料理ではスープは添え物や副菜ではなく、きちんとした一品料理だと
ぼくは思います。今の時代、レストランではあまり出さなくなりましたが、
やはり丁寧に作った黄金のコンソメは、お店のアイデンティティであり、
料理人の矜持を表すもので、決してなくなることはない存在の一皿、
大切なお料理だと考えます。
一方、家庭料理でみれば、スープほど親しまれ愛されているものはないでしょう。
さまざまな具材からでるだしや旨みが渾然一体となった味わい。
常備しやすい玉ねぎやじゃがいも、にんじんで作る具だくさんスープもあれば
旬の食材を生かしたシンプルなスープもあります。
ここでは野菜が主役の、家庭的だけど洗練された味わいのレシピを
ご紹介しましょう。ちょっとしたコツでおいしさのレベルが変わります。

家庭料理の基本にして、シェフの厨房の重要なだしになるスープ

ポタージュ・ペイザンヌ

Potage à la paysanne

［ポタージュ・ア・ラ・ペイザンヌ］

特別変わった素材はひとつもない、通年で手に入る野菜で作れる、「基本のき」のポタージュです……ポタージュってとろみがついたもので、さらさら澄んでいるものがスープ、というふうに日本では認識されていますが……フランスでは違うんです。これも「ポタージュ」。どこの地方の料理ともいえないフランスの一般的な家庭料理ですが、プロはこれをこして、ブイヨン・ド・レギューム（野菜のブイヨン）として、スープや煮込み料理のだし汁に用います。ポイントは最初の香味野菜（玉ねぎ、にんじん、セロリ）の炒めをきちんとして甘みを引き出すこと。ちなみにペイザンヌとは、田舎風とでもいう意味ですが、もうひとつ野菜の切り方を指す言葉でもあるのです。1〜2mm厚さで、1cm角ほどの色紙切りが「ペイザンヌ」。

■材料 (5〜6人分)

トマト……4個 (480g)
キャベツ……1/2玉 (300g)
玉ねぎ……1個 (200g)
にんじん……1本 (150g)
セロリ……80g
じゃがいも (メークイン)
　……1個 (150g)
にんにく……1かけ (5g)
スライスベーコン……4枚 (80g)
オリーブ油……大さじ1
水……1ℓ
塩……4g
イタリアンパセリ (みじん切り)
　……適量
黒こしょう……適量

●代用いろいろ　代用するものはないくらい普通の野菜類です。できる限り全部そろえてください。あれば、ポロねぎを加えてもいいでしょう。

●鍋　直径24cmの深鍋

●煮込み時間　野菜の炒めも含めて約30分

Chef's comments

オリーブ油はできるだけ良質のものを使ってください。そして弱火でゆっくり炒めることです。炒めるというと、中華料理のように火を強くされるイメージがあるのですが、野菜の旨みをオリーブ油で引き出すのは、低温で長時間じっくり炒めることで完成するのです。好みで、ショートパスタを入れたり、チーズをおろしてかけるのもおいしいです。

1 トマトは皮を湯むきして (P.122参照) 種を取り、1.5cm角に切る。その他の野菜、ベーコンは1.5cm角の色紙切り。にんにくはみじん切りにする。

2 鍋にオリーブ油、にんにくを入れ、弱火で炒める。香りが立ってきたらベーコンを加えて炒める。脂がじんわり出てきたら玉ねぎ、にんじん、セロリを加え、しんなりするまで炒め、野菜の甘みを出す。

3 キャベツを加え、しんなりするまで炒める。

4 トマトを加えてひと混ぜし、水、塩を加えて強火にする。沸騰したら中火にし、10分ほど煮る。

5 じゃがいもを加え、火が通るまで煮る。味をみて塩 (分量外) を加える。皿に盛り、イタリアンパセリを散らし、好みでこしょうをふる。

玉ねぎをていねいに炒めたぶんだけ深い甘みが生まれます

オニオングラタンスープ

Soupe à l'oignon gratinée

[スープ・ア・ロニョン・グラティネ]

玉ねぎを褐色になるまでじっくり炒めると自然な甘みと旨みが出てきます。そのおいしさをもとにして作るのがこのスープ。若いころ、フランスに行ってこのスープを食べるのは、ぼくのひとつの夢でもありました。でも、パリで初めて食べたとき、それほどおいしくなくてがっかり。誤った認識による過剰な期待のためでした。これはレストランのスペシャリテのようにハレの日のごちそうではなく、フランス人の日常に密着したスープ。からだに負担をかけず栄養となり、ほっとするおいしさを提供するためのスープだったのです。

■材料（4人分）

玉ねぎ……2と1/2個（500g）
グリュイエールチーズ……100g
バゲット（堅くなったものでもよい）
　……3mm厚さのスライス8枚
バター……50g
鶏がらスープ……1ℓ
塩、水……各適量

●代用いろいろ　グリュイエールチーズ
→パルミジャーノチーズなど、硬質タイプのチーズなら可。

●鍋　直径20cmくらいの厚手鍋

●玉ねぎの炒め時間　約1時間

●そのあと仕上げまで　約10分

使うのは新玉ねぎ？
それとも貯蔵玉ねぎ？

このスープでは、「玉ねぎの炒め」が最重要プロセスです。そこでチェックしてほしいのが玉ねぎ自体の水分量。収穫後の貯蔵期間によって水分量が違うので、それぞれに合った炒め方をしてほしいのです。もし新玉ねぎなら水分がたっぷりあるので、そのままゆっくり炒めていけばきれいな褐色に炒め上がります。しかし、長期貯蔵した玉ねぎは水気が少なめです。その場合は、ときどき水分をたしながら炒めてください。そうしないと甘みを引き出すことと、褐色に炒めることが難しくなります。

1 スライスしたバゲットをオーブントースターで色づかない程度に軽く焼き、カリカリになるように並べて乾かす。すでに堅くなったバゲットがあれば、焼かずにそのまま使えばよい。

2 玉ねぎを縦半分に切り、根元を取り除く。脇から水平に数本浅い切り目を入れ、そのあとで繊維にそって縦にごく薄く切る。

a

b

3 鍋にバターを熱し、溶け始めたら玉ねぎを加え、木べらで混ぜながら弱火でじっくり炒めていく。鍋肌に焼き色がついたら、木べらでこすって玉ねぎの水分に溶かしながら炒めていく（写真a）。もしこの段階で玉ねぎの水分がなければ水を少し加え、鍋肌を木べらでこすって溶かす。最終的に写真bのような褐色になるまで炒める。

4 鶏がらスープ1ℓ（湯1ℓに鶏がらスープの素10gを溶いたもの）を注ぎ、10分ほど弱火で煮る。味をみて、薄ければ塩ひとつまみを加える。

5 **食べるときに**　器に温めたスープを注ぎ、1のバゲットを浮かべ、グリュイエールチーズをすりおろしてたっぷりのせる。オーブンかオーブントースターでチーズが溶けるまで焼く。

Chef's comments

フランスでは大変日常的な料理
ですので、ごちそうを作るような
力みをとって、気軽に作って食べ
てください。そのほうがこのスー
プらしいといえるでしょう。パン
もチーズも入っているので、この
スープだけで軽い食事にするこ
ともできます。玉ねぎはあらかじ
め炒めておけば、食べたいときに
短時間で手軽に作れます。この
スープのできたては、器ごとあつ
あつ。冬の寒い夜などには、この
あったかさもごちそうに。

17

プロヴァンス風具だくさんスープ。バジルとにんにくの香りを添えて

スープ・ピストゥー
Soupe au pistou
[スープ・オー・ピストゥー]

イタリア料理のミネストローネに似た、プロヴァンス地方の野菜たっぷりのスープです。イタリア料理の影響で、バジル風味のソースを仕上げに加えるのが特徴で、これがなければフランスならどの地方にもあるポタージュ・ペイザンヌ（田舎風スープ）といえます。また、さやいんげんをたっぷり使うのも特色です。日本では色を鮮やかに出すためにさっとゆでることが多い素材ですが、フランス流は違います。色よりも味を重視して、よく煮込みます。そうすることによって生まれる少し青臭いような香りや豆特有の甘みが、スープの味わいを深く、個性的にしてくれます。ぼくは、じっくり煮ることで引き出される野菜の風味が、このスープで大事なことだと思っています。

Chef's comments

必ずアイヤードというバジル風味のソースを作って、スープにたっぷり混ぜながら食べてください。このソースあってのスープ・ピストゥーですし、これがあるとないとでは、おいしさの力強さがまるで違うのです。また、ベーコンや鶏肉の薄切りなどを加えれば、よりこくのある一皿になりますし、トマトをもっとたっぷり入れてもプロヴァンスらしくてよいでしょう。

■材料 (4〜6人分)

A ┌ 玉ねぎ……1/2個 (100g)
　├ ポロねぎ……1/3本 (120g)
　├ じゃがいも……小1個 (100g)
　└ ズッキーニ……1本 (100g)
さやいんげん……100g
トマト……2個 (250g)
オリーブ油……大さじ4
パスタ (スパゲッティーニ)……70g
塩……適量
黒こしょう……少量
水……750㎖
アイヤード (作り方は下記)……適量

●代用いろいろ
アイヤード→ジェノヴァペーストでも可。
ズッキーニ、ポロねぎ→なくてもよい。
スパゲッティーニ→バミセリなどの細い
パスタや、小さな浮き実用パスタでも可。

●煮込み鍋　直径22㎝ぐらいの厚手鍋

●煮込み時間　野菜の炒めも含めて約
50分

1 材料Aをすべて1㎝四方の薄切り
にする。じゃがいもは水にさらして
おく。さやいんげんは5㎜長さに切る。
トマトは皮を湯むきし (P.122参照)、横
半分に切って種を除いて1㎝角に切る。

2 鍋にオリーブ油を入れ、玉ねぎと
ポロねぎを弱火で炒める。透明感
が出てきたらさやいんげんを加え混ぜ、
全体に油がまわったらじゃがいもを水
気をきって加える。ズッキーニも加え、
しんなりするまで炒める。

3 トマト、分量の水、塩5gを加え、
野菜が柔らかくなるまで40分ほ
ど煮る。あくはとらない。煮ている間に
パスタをゆでる。別鍋に塩分1.4％の
湯を沸かし、スパゲッティーニを短く
折って入れ、柔らかめにゆでる。野菜
が柔らかく煮えたら黒こしょうをふり、
ゆでたパスタを加えてさっと煮る。

4 スープ皿にアイヤードを1人分
大さじ1弱ずつ (好みで加減を)
入れ、上からあつあつのスープを注ぐ。
アイヤードは、スープを食べながら適
宜加えてもよい。

Condiments

アイヤード [aillade]
プロヴァンスのバジル入りにんにくソース

アイヤードはルイユやアイヨリと並ぶプロ
ヴァンス特有のにんにく風味のソースのひ
とつ。卵黄が入っていて、ふんわり乳化させ
てあります。スープに使うだけでなく、たと
えば地中海らしい魚、いわしやあじなどのソ
テーにつけてもプロヴァンスらしい一皿に
なります。また、カリカリに焼いたバゲット
に塗れば、バジル風味のするガーリックトー
ストに。応用範囲の広い便利でおいしいソー
スです。

■材料

バジルの葉……20g
にんにく (すりおろす)……10g
卵黄……1個
塩……小さじ1/3
オリーブ油……大さじ2

1 バジルは、できるだけ細かく
刻む。

2 ボウルにバジル、にんにく、卵
黄を入れてゴムべらで混ぜ合わ
せる。

3 混ぜながらオリーブ油を細く
たらして溶きのばす。塩を加えて
調味する。

泡立て器ではなくゴムべらで混ぜる
のがポイント。泡立て器を使うと口あ
たりがわるくなってしまいます。ゴ
ムべらでふわっと柔らかく仕上げて
ください。

ポロねぎが香る冷製スープ

ヴィシソワーズ
Vichyssoise
[ヴィシソワーズ]

ヴィシソワーズというとじゃがいもの冷製スープというイメージがあるようですが、本来はポロねぎとじゃがいものスープです。しかもじゃがいもはとろみづけ用に加える脇役で、主役はあくまでもポロねぎだと思うのです。また、ポロねぎは高価ですから、使う以上は存分にその風味を料理に生かしたい。そのため、ぼくはブイヨンや生クリームをたさずに作ります。風味が豊かになりすぎて、繊細なポロねぎならではの甘みや芳香が消えてしまうからです。

■材料（4人分）
ポロねぎ（P.124参照）
　……2/3本（220g）
玉ねぎ……1/3個（60g）
じゃがいも……1/2個（50g）
バター……30g
牛乳……300mℓ
塩……小さじ2/3
水……500mℓ
鶏がらスープの素（顆粒）……適宜

●鍋　直径25cmぐらいの厚手鍋

●煮込み時間　炒め時間と合わせて約30分

Chef's comments

ポロねぎの緑色した葉の部分が多く、白い部分だけで作るのはもったいない。ぼくは葉の色を生かしたヴィシソワーズがあってもよいと思って、ある程度は緑色部分も使います。そのためでき上がりは涼しげな淡緑色。

1　ポロねぎを縦2つに切り、端から1〜2mm幅に切る。たっぷりの水で浸し洗いをして砂を落とし（写真a）、ざるに取り上げる。玉ねぎは繊維にそって薄切りにする。じゃがいもはごく薄切りにする。

2　鍋にバターを溶かし、ポロねぎと玉ねぎを入れ、弱火で色をつけないように木べらで混ぜながら炒める。透明感が出てきたらじゃがいもと塩小さじ1/3を加え、柔らかくなるまで炒める（写真b）。焦げそうになったら適宜水（分量外）を加えて炒める。

3　水500mℓ、塩小さじ1/3を加えて1分ほど煮る。味をみて、薄ければ鶏がらスープの素ひとつまみを加えてもよい。

4　煮汁ごとミキサーに移して、3分撹拌してなめらかにする。

5　目の細かいこし器でこし（写真c）、そのまま冷ます。粗熱がとれたら冷蔵庫に入れて冷やす。

食べるときに　冷やしたスープに冷たい牛乳を混ぜ合わせ、盛りつける。

a

b

c

じゃがいもの素材感がおいしくて、からだも舌もホッ

じゃがいものポタージュ
Potage Parmentier
[ポタージュ・パルマンティエ]

じゃがいもはくずれるぐらいに柔らかく煮て、スープにもじゃがいもの
エキスがしみ出すように作ります。もっとボリュームをつけたいなら、軽
く炒めたベーコンや豚肉を少し加えてもよいでしょう。スープは食欲の
ないときでもすっと口に入っていくやさしい料理。ぼくも忙しくてまとも
な食事がとれないとき、ときどきこのスープのお世話になります。

■材料（4人分）
じゃがいも……3個 (360g)
ポロねぎ (P.124参照)……2/3本 (220g)
玉ねぎ……大1/2個 (130g)
バター……90g
黒こしょう……少量
フィーヌ・ゼルブ (作り方はP.123)
　　……適量 (なくてもよい)
塩……小さじ2/3
水……700㎖

Chef's comments
マイルドでくせのないスープなので、
どんな料理と組み合わせても、いつ
食べても、しっくりなじむはずです。

●代用いろいろ　ポロねぎ→なけれ
ば省いて玉ねぎだけで作ってもよい。
下仁田ねぎなら代用できるが、長ねぎ
は不向き。香り用にセロリを少し加え
てもよい。

●鍋　直径20㎝ぐらいの厚手鍋

●煮込み時間　炒め時間と合わせて
30分

1 縦半割りの玉ねぎを、さらに縦3等
分に切り、端から繊維に垂直に1～2㎜
幅に切る。ポロねぎは縦半分にしてから
1～2㎜幅に切り、水に浸して洗って砂
を落とし、ざるに上げる。じゃがいもは皮
をむいて4～6等分に切り、1～2㎜幅
の薄切りにする。

2 鍋にバターを溶かし、玉ねぎとポロ
ねぎを加え、色をつけないように弱火で
炒める。透明感が出て甘みが出てきたら
じゃがいもを加え、くずれるぐらい柔らか
く炒める (写真a)。

3 分量の水と塩を加えて温める。煮
立ってから1分ほど弱火で煮る (写真b)。
黒こしょうをふってでき上がり。器に盛り
つけてフィーヌ・ゼルブを散らす。

a

b

あさりの風味を楽しむ、ボストン生まれのスープ

クラムチャウダー

Soupe aux clams et aux légumes
[スープ・オー・クラム・エ・オー・レギューム]

アメリカのボストンの名物料理になっているはまぐりやあさりを使ったクリームスープです。ぼくもハワイで一度食べたことがあるだけで、フランスではついぞ見かけることがありませんでした。このスープは、あさりにさっと火を通して短時間で仕上げるのがおいしいもので、時間をかけると生クリームが分離したり、あさりが堅くなったりして味が落ちてしまいます。とかくスープや煮込みはじっくりと時間をかけて煮込むほどおいしくなると思っている人もいるようですが、必ずしもそうではありません。料理や素材によって煮込み時間は違います。牛肉や羊肉は少し時間をかけて煮込みますが、鶏肉は15分ぐらいで柔らかくなります。それ以上煮込んでもパサパサになるだけです。煮込み時間とおいしさは必ずしも比例しないと覚えてください。

■材料(4人分)
あさり(殻つき。砂出ししておく)
　……800g
A┌玉ねぎ……1個(200g)
　│セロリの茎……1本(70g)
　│じゃがいも……小2個(200g)
　└ベーコン……30g
生クリーム……150mℓ
バター……30g
鶏がらスープの素(顆粒)
　……小さじ1と1/2
塩、水……各適量
クラッカー……4〜8枚

●代用いろいろ
クラッカー→バゲットをカリカリに焼いたクルトンを入れてもよい。
あさり→はまぐりならさらにリッチな味に。

●鍋　直径20cmくらいのふたのある鍋

●煮込み時間　炒め時間と合わせて約30分

1 材料Aをすべて1cm四方の薄切りにする

2 鍋をあつあつに熱し、水50mℓを注ぎ入れ、すぐにあさりを入れる。ふたをして強火で2分蒸し煮にして貝の口を開ける。ざるをボウルにのせ、あさりを蒸し汁ごとあけて、あさりと汁に分ける。あさりは身を殻からはずす。

3 鍋にバターを入れ、溶け始めたら玉ねぎとセロリを入れ、木べらで混ぜながら炒める(弱火)。透明感が出てきたらベーコンを加え、脂が出るまで炒める。じゃがいもを加えて混ぜ合わせ、全体に油がまわったら、水800mℓ、塩小さじ1、鶏がらスープの素を入れる。

4 弱火で15分ほど煮て、じゃがいもによって少しとろみがついてきたら、あさりの蒸し汁をペーパータオルでこしながら加える。

5 生クリームを注ぎ入れ、あさりの身を加え、さっと温める程度に煮る。ここで煮すぎると分離してしまう。器に盛りつけ、クラッカーを砕いてのせる。

すぐに食べないとき　プロセス**4**まででストップしておき、食べるときに温め直して、生クリームとあさりを加えて仕上げる。

Chef's comments

クルトンのように最後に散らすクラッカーは、写真のように
あらかじめスープに散らして出してもよいし、スープボウル
の横に割らずに1〜2枚添えて出し、各自で割って入れても
らってもよいでしょう。クラッカーが入ると食感のアクセント
にもなりますし、スープのとろみづけにもなります。
もしこれにぴったりのメインを考えるなら、やはりシンプルな
料理でしょう。たとえば魚介や鶏肉のソテーなどです。この
スープが風味とこくのあるクリーム系だからです。

とうもろこしを贅沢に使った手作りの味は格別

コーンポタージュ

Crème de maïs

［クレーム・ド・マイス］

素材の名前をつけたポタージュは、その素材の風味がきちんと出ていることが大切だと思います。コーンポタージュなら、ちゃんととうもろこしの風味がしてほしいわけで、とうもろこしの色をしているけれど味はじゃがいもだったり、ブイヨンからくる肉類の風味が強かったりすると、ぼくはコーンポタージュという気がしないのです。ですから、ここで紹介するものは余分な素材を加えず、主役の素材をたっぷり使って作ります。生クリームも不要です。ミルキーさは牛乳で充分、それもたくさん入れる必要はありません。玉ねぎはマイルドな甘みを補うために加えています。

■材料（4人分）
とうもろこし（冷凍）……300g
玉ねぎ……1個（150g）
バター……50g
牛乳……60㎖
塩……小さじ1/3
水……500㎖

●代用いろいろ　とうもろこし（冷凍）→
生でももちろんOK。皮をつけたままゆで
て、ゆで汁の中で粗熱がとれるまで冷ま
します。皮をむいて手で粒をばらして使
います。缶詰は特有のにおいがあるので
できれば避けたほうがよいでしょう。

●鍋　直径20㎝ぐらいの厚手鍋

●煮込み時間　炒め時間を含めて約20
分

1 玉ねぎを縦半分に切り、さらに横
に3等分する。外側の鱗片を2枚
ほどはがし、端から繊維にそって薄く
切る。中心部も同じぐらいの大きさに
切りそろえる。

玉ねぎはとうもろこしのじゃまにならない
ように小さく切ることが大切。

2 鍋にバターを熱し、溶け始めた
ら玉ねぎを加えて弱火で色づか
ないように炒める。玉ねぎがしんなり
して甘みが出てきたらとうもろこしを
凍ったまま加える。

3 木べらで粗くつぶしながら、とう
もろこしのよい香りが出るまで炒
める。

とろみのあるスープにしたければ、ここ
で強力粉を少しふり入れていっしょに炒
める。

4 分量の水を加えて中火で煮る。煮
立ったら塩を加えて味をととの
える。牛乳を加えてひと煮立ちしたら、
器に盛る。

コーンの粒感のない、なめらかなクリー
ム仕立てにする場合は、水を加えて煮立
て塩で味をととのえたらミキサーに入れ
て3分ほど撹拌する。鍋に戻して牛乳を
加えてひと煮立ちしたらでき上がり。

Chef's comments

マイルドなスープなので、どんな
献立に組み入れていただいても
よいと思います。朝食でも、夜食
でもよいでしょう。甘みがあって
でんぷん質が多いので、おなか
がいっぱいになりやすいスープ
です。メイン料理の前に食べるな
ら量を控えめにして、カップスー
プにするとちょうどよいでしょう。

どうしてこんなにおいしくなめらかになるの？

かぼちゃのポタージュ

Potage au potiron

[ポタージュ・オー・ポティロン]

かぼちゃ、バター、水、それに少しの牛乳だけで作るのに、どうしてこんなにかぼちゃがおいしく感じられるのでしょう。かぼちゃはバターでしっかり炒めることによって旨みがパワーアップしてくる野菜です。ぼくはこの充分な炒めのことを「炒め殺す」と言っているのですが、よくよく炒めてペースト状になるくらいすっかり炒めくずすと、自然なこくと甘みが充分に引き出されてきます。そして、この力強くおいしいペーストができれば、あとは水で溶きのばすだけ。ナチュラルなかぼちゃのおいしさに満ちたスープになります。にんじんのスープもこの「炒め殺し」法で作っています。

■**材料（4人分）**

かぼちゃ（皮をむいて種をとったもの）
　……350g
バター……80g
牛乳……150㎖
塩……小さじ1/2
水……500㎖
クルトン（作り方は下記参照）
　……少量（なくてもよい）

●クルトン　パンを5㎜角に切り、バターで揚げて作っておく。

●鍋　直径22㎝ぐらいの厚手鍋

●煮込み時間　炒め時間を含めて約30分

Chef's comments

スープ自体にバター風味があるので、クルトンはなくてもかまいません。わが家では子供が幼かった頃、野菜嫌い克服のためによく作っていました。かぼちゃのほくほくした食感も、子供にはのどにつかえるような感じになるんですね。スープにするとのどごしなめらかなのでおいしいと言って食べてくれました。滋養があり、高齢のかたでもいただきやすいと思います。

1 分量のかぼちゃを細いくし形に切り、端から1mm厚さの薄切りにする。

2 鍋にバターを入れて温め、かぼちゃを加え、木べらで混ぜながら炒める（弱火）。バターはすぐにかぼちゃに吸われるが、そのまま炒めていると自然にくずれてくる。さらに粘り気が出てきて鍋底からくるっとめくれるようになるまで炒める。ここまで炒めると甘みも出てくる。

3 分量の水を加え、かぼちゃを溶きのばす。塩を加えて味をととのえ、ひと煮立ち（約1分）させる。牛乳を加えてさっと煮て、器に注ぎ入れる。クルトンを浮かべる。

▌アレンジ　1

冷製仕立てに
かぼちゃの冷製ポタージュ
Potage au potiron
［ポタージュ・オー・ポティロン］

夏でも心地よく食べられるスープです。よく冷えた冷製スープは塩味を弱く感じます。温製に作るときよりも心持ち強めに味つけしてください。

手順**2**までは同じ（4人分）。

1 炒めたかぼちゃに水500mℓを加えてのばし、塩味をつけ、1分ほど煮る。

2 1をミキサーに入れ、なめらかになるまで3分攪拌する。

3 容器に移し、粗熱がとれたら冷蔵庫に入れて冷やす。

4 食べる直前に冷たい牛乳200mℓを合わせる。冷製にするととろみが増すので、様子をみて必要なら水を100mℓ程度加えてのばす。

▌アレンジ　2

オードヴル仕立てに
かぼちゃのフラン
Flan de potiron aux aubergines frites
［フラン・ド・ポティロン・オー・ゾーベルジーヌ・フリット］

かぼちゃのポタージュは、フレンチ風茶碗蒸しともいえる「フラン」へ展開できます。また、牛乳を加えて甘く仕立てればかぼちゃのプリンですね。

1 かぼちゃのポタージュ100mℓに対して全卵1個を混ぜ合わせ、塩ひとつまみを加えて味をととのえ、フラン皿やココットに流す。

2 150℃に温めたオーブンで、湯せんにして20分蒸し焼きにする。蒸し器で熱してもよい。

3 トッピング用に、なすを素揚げにする。なすは2mm以下にスライスし、160℃くらいの油でじっくり揚げる（170℃になると水分が抜ける前に焦げてしまう）。ベーコンの細切りをカリカリに炒める。蒸し上げたフランにのせる。

野菜のおいしさをストレートに表現したピュレタイプのポタージュ

ビーツのポタージュ

Potage-purée de betterave

[ポタージュ・ピュレ・ド・ベトラーヴ]

ぼくが作るポタージュで、もっとも多いタイプがこの野菜のピュレで作るポタージュ・ピュレ。野菜の繊細なおいしさを水とバターで煮出して、ピュレにして、そのままポタージュに仕立てます。ここでは色鮮やかなビーツで作りましたが、いろいろな野菜を同じ方法でポタージュにすることができます。この「ビーツのポタージュ」のように、料理名に素材の名をつけるときは、食べたときに、その野菜の持ち味がきちんと味わえなくてはいけないと思っています。生クリームや牛乳、ブイヨンの風味は抑えぎみにして、野菜それぞれのおいしさをストレートに発揮させるようにしています。

ビーツのポタージュで習う
ポタージュ・ピュレの基本の作り方

■材料（5〜7人分）
ビーツ（生。P.123参照）……500g（4個）
バター……100g
クレーム・ド・カシス……40mℓ
鶏がらスープの素（顆粒）……10g
塩……小さじ1/2
水……1ℓ

トッピング
クレーム・ド・カシスのソース
　（作り方は下記）……適量
ビーツのオイル漬け（作り方は下記）
　……適量

●クレーム・ド・カシスのソース　赤ワインとクレーム・ド・カシスを8：2の割合で小鍋に合わせ、弱火で1/5量で煮つめる。

●ビーツのオイル漬け　ビーツの皮をむき、厚さ2mmにスライスする。低温のオリーブ油でコンフィを作る要領で5分ほど煮る。そのまま油に漬けて冷まして保存する。

●鍋　直径20cmぐらいのもの

●煮込み時間　約30分

野菜は火の通りやすい切り方に

1 ビーツは皮をむき、1〜2mmの薄切りにする。火が通りやすいように、基本は薄め、小さめに切る。

スープのベースは水とバター

2 鍋に分量の水、バター、鶏がらスープの素、塩を加えて火にかける。

野菜はおいしくなるまで煮る

3 煮立ったらビーツを加えて柔らかくなるまで煮る（約30分）。ほぼ柔らかくなったらクレーム・ド・カシスを加える。もしこの段階で分量が2/3以下に煮つまっていたら、最初の2/3量くらいになるように水をたす。

どんな野菜で作るときも、この段階で食べてみて、ゆで野菜としておいしいなと感じる状態に煮えればスープもおいしくできる。煮すぎると野菜の香りや味を失うので注意。

ミキサーには3分かける

4 煮汁ごとミキサーに移し、3分攪拌してなめらかなピュレ状にする。

少し粘りが出るまで長めにかける。材料のかたまりが見えなくなるだけではまだたりない。

こし器でこしてでき上がり

5 目の細かいこし器でこす。こし器に通したとき、ピュレがさーっと流れ落ちるぐらいがよい。ゴムべらでごしごしとこすようではミキシング不足。プロは目の細かいシノワ（P.10参照）を使うが、こし器やざるでも目が細かければよい。こしたスープの粗熱をとり、冷蔵庫でよく冷やす。

ビーツのスープは温製にはしないが、温製にするスープの場合は、鍋に移してあつあつにして盛りつける。

仕上げ　器によく冷やしたビーツのスープを注ぎ入れる。ビーツのオイル漬けを浮かべ、上にクレーム・ド・カシスのソースを小さじ1/4ほどかける。

人気の本日のスープ

ポタージュ・ピュレを中心に

基本の作り方は前ページ（P.29）と同じ。
折々の野菜を生かして広がるメニューは数知れません。

グリーンピースのスープ
Potage Saint-Germain
［ポタージュ・サンジェルマン］

グリーンピースはここでは冷凍もの
を使いましたが、生を使うと一段と
風味が増します。色をきれいに仕上
げるために加熱時間はやや短めに。

■材料（3人分）
グリーンピース（冷凍）150g　バター
40g　塩ひとつまみ　水300㎖

1　鍋に分量の水、バター、塩を加え
て火にかける。

2　煮立ったら冷凍のグリーンピース
を凍ったまま加える。再び煮立ったら
火を止める。

3　煮汁ごとミキサーに移し、3分攪
拌する。

4　目の細かいこし器でこす。温製で
食べるなら鍋に移し、温めて盛りつけ
る。最後の味みをして必要なら塩を加
える。冷製にするなら、冷蔵庫で冷や
す。濃度が強いようなら牛乳を少し加
えてもよい。

●冷製・温製どちらも可

カリフラワーのスープ
Potage-purée de chou-fleur
［ポタージュ・ピュレ・ド・シューフルール］

カリフラワーの臭みをとるためにコ
リアンダーを少量加えます。これで
味わいがぐっと上品になります。

■材料（6〜7人分）
カリフラワー（葉と太い軸を切り落と
した正味）300g　バター30g　コリア
ンダーシード2粒　牛乳120㎖　塩
小さじ1　水700㎖

1　カリフラワーを薄切りにする。

2　鍋に分量の水、バター、コリアン
ダーシード、塩を加えて火にかける。

3　2が煮立ったらカリフラワーを加
え、中火であくをとりながら3分ほど
煮る。

4　カリフラワーが柔らかくなったら
煮汁ごとミキサーに移して、3分攪拌
する。

5　目の細かいこし器でこす。温製で
食べるなら鍋に戻し、牛乳を加えて温
める。冷製なら、粗熱がとれたところ
で冷蔵庫に入れて冷やし、食べるとき
に牛乳を混ぜる。

●冷製・温製どちらも可

きのこのスープ
Crème de champignon
［クレーム・ド・シャンピニョン］

きのこは1種類ではなく、3〜4種を
組み合わせると風味が豊かになりま
す。温製なので一段と香りが強く感
じられます。

■材料（6〜7人分）
きのこ（しいたけ、しめじ、エリンギな
ど）合計250g　なめこ40〜50g　牛乳
280㎖　バター60g　塩適量　水450
㎖　鶏がらスープの素（顆粒）適宜

1　すべてのきのこを薄切りにする。
バター30gで、塩小さじ1/3をふっ
て色づくまで炒める。

2　鍋に水、バター30g、塩小さじ
1/3を入れて温め、煮立ったら1と
なめこを加える。柔らかく煮えたら味
をみて、薄ければ好みで鶏がらスープ
の素ひとつまみを加える。

3　煮汁ごとミキサーに入れ、3分攪
拌する。

4　目の細かいこし器でこす。鍋に入
れ、牛乳を加えてさっと温める。

●温製のみ

ブロッコリーのスープ
Potage-purée de brocoli
[ポタージュ・ピュレ・ド・ブロッコリ]

ブロッコリーを花蕾、細い軸、太い軸と3つの部分に分け、火の通りにくいものからゆでると色鮮やかに仕上がります。

■材料(5人分)
ブロッコリー1株(250g) バター25g 塩小さじ2/3 水600㎖

1 ブロッコリーの花蕾を包丁で削る。太い軸は皮をむき、小口から薄切りにする。細い軸も細かい薄切りにする。

2 鍋に分量の水とバター、塩を入れて火にかける。煮立ったら軸の太い部分を入れて煮る。柔らかくなったら細い軸を加える。

3 細い軸が柔らかくなったら花蕾を加える。花蕾が色よく煮えたら、煮汁ごとミキサーに移し、3分攪拌してなめらかにする。

4 目の細かいこし器を通してこす。温製で食べるなら鍋に戻して温める。冷製にするなら粗熱をとってから冷蔵庫で冷やす。

●冷製・温製どちらも可

トマトのスープ
Potage-purée de tomate
[ポタージュ・ピュレ・ド・トマト]

トマトのスープではバターの代わりにエクストラヴァージンオリーブ油を使います。油脂にも相性がありますから。

■材料(3人分)
トマト300g にんにく1/2かけ オリーブ油大さじ2 白ワインヴィネガー大さじ1 バジルの葉4～5枚 塩小さじ1/3 水200㎖

1 トマトをざく切りに、にんにくを薄切りにする。バジルの葉を粗く刻む。

2 鍋に分量の水とオリーブ油を入れ、トマトを入れて火にかける。沸騰したら、にんにく、白ワインヴィネガー、バジルの葉、塩を加えて中火で煮る。

3 トマトが柔らかくなったら、煮汁ごとミキサーに移して、3分攪拌する。

4 目の細かいこし器でこす。温製で食べるなら、鍋に戻して温める。冷製なら粗熱をとり、冷蔵庫で冷やす。

●冷製・温製どちらも可

栗のスープ
Crème aux marrons
[クレーム・オー・マロン]

栗は天津甘栗を使います。このほうが普通の栗よりもフランスの栗のような濃厚な香りや味わいがあるように思います。

■材料(3人分)
天津甘栗(殻をむいた正味)80g バター40g セロリ5g 牛乳50㎖ 塩ひとつまみ 水300㎖ 鶏がらスープの素(顆粒)適宜

1 栗を細かく刻む。セロリは薄切りにする。

2 鍋に分量の水、バター、栗、セロリ、塩を加えて火にかける。柔らかく煮えたら味をみて、薄ければ好みで鶏がらスープの素ひとつまみを加える。

3 3分ほど煮たらミキサーに移し、3分攪拌する。

4 目の細かいこし器でこす。食べるときに鍋に移し、牛乳を加え、温める。もし濃度が強すぎたら水をたす。最後の味みをして必要なら塩をする。

●温製のみ

そら豆のスープ
Potage-purée de fève
[ポタージュ・ピュレ・ド・フェーヴ]

豆のでんぷん質が適度なとろみづけになって、ポタージュらしいなめらかな口あたりのスープです。冷製でどうぞ。

■材料（3人分）
そら豆（冷凍）250g　バター40g　塩ひとつまみ　水300㎖

1　そら豆は流水に浸して解凍し、皮をむく。

2　小鍋に分量の水、バター、塩を入れて火にかける。煮立ったらそら豆を加え、再び煮立ったら火を止める。

3　2を煮汁ごとミキサーに移して、3分攪拌する。

4　目の細かいこし器を通してこし、そのまま冷やす。粗熱がとれたら冷蔵庫で冷やす。食べるときにとろみが強ければ牛乳少々でのばす。
冷凍そら豆は加熱処理をしてあるので煮すぎないこと。

●冷製のみ

赤ピーマンと
オレンジのスープ
Soupe de poivron rouge
à l'orange
[スープ・ド・ポワヴロン・ルージュ・ア・ロランジュ]

オレンジジュースを加えて、赤ピーマンのくせのある風味をカバーしました。ピーマン嫌いの人もぜひお試しください。

■材料（4人分）
赤ピーマン大1個（150g）　オレンジジュース70㎖　バター40g　鶏がらスープの素（顆粒）小さじ1/2　塩ひとつまみ　水500㎖

1　赤ピーマンは種を取り除き、1〜2mmの薄切りにする。

2　鍋に分量の水、バター、鶏がらスープの素、塩を加えて火にかける。

3　沸騰したら赤ピーマンを加え、柔らかくなるまで弱火で5分ほど煮る。

4　赤ピーマンを煮汁ごとミキサーに移し、3分攪拌する。

5　目の細かいこし器でこし、そのまま冷ます。粗熱がとれたらオレンジジュースを加え、冷蔵庫で冷やす。

●冷製のみ

かぶのスープ
Crème de navet
[クレーム・ド・ナヴェ]

かぶの香りを楽しむスープです。ヨーグルトと牛乳を加えて、かぶのくせをカバーして、まろやかに仕上げます。

■材料（4人分）
かぶ4個（茎を除いて正味400g）　バター10g　塩小さじ2/3　ヨーグルト大さじ2　牛乳70㎖　水250㎖

1　かぶは皮をつけたまま四つ割りにして端から1〜2mmの薄切りにする。

2　鍋に分量の水、バター、塩を入れて温める。煮立ったらかぶを加える。

3　かぶを煮て、柔らかくなったら火を止める。

4　かぶを煮汁ごとミキサーに入れ、なめらかになるまで3分攪拌する。

5　目の細かいこし器でこす。冷製で食べるなら、容器に移して粗熱をとり、冷蔵庫で冷やす。食べるときにヨーグルトと牛乳を加えてほどよくのばす。温製にするなら鍋に移して温め、ヨーグルトと牛乳を加えてあつあつにする。

●冷製・温製どちらも可

モロヘイヤと
オクラのスープ
Potage aux gombos
et aux corètes potagères
[ポタージュ・オー・ゴンボ・エ・オー・コレト・ポタジェール]

粘り気のある野菜を組み合わせた
スープです。舌にまとわりつくよう
な食感を楽しんでください。冷製に
すると特有のくせが、意外なほど気
になりません。

■**材料（6〜7人分）**
オクラ2パック（140g）　モロヘイヤ
1束（葉だけにして100g）　バター
15g　鶏がらスープの素（顆粒）小さじ
1　塩小さじ1/3　水800㎖

1 オクラはへたと先端を切り落とし
て小口切りにする。モロヘイヤは茎を
取り除く。

2 鍋に分量の水とバター、鶏がら
スープの素、塩を加えて火にかける。
煮立ったらオクラを加えて柔らかく煮
る。

3 モロヘイヤを加えてひと煮立ちさ
せ、すぐに火を止める。

4 煮汁ごとミキサーに入れ、3分攪
拌する。

5 目の細かいこし器を通してこし、粗
熱がとれたら冷蔵庫で冷やす。

●冷製のみ

トマトのコンソメ
Consommé froid
de tomate
[コンソメ・フロワ・ド・トマト]

トマト果汁をこして冷やし固めた、
谷シェフのスペシャリテです。人気
の一品なので特別にご紹介します。

■**材料（3〜4人分）**
トマト（フルーツトマトなど）400g　A
[水120㎖　塩小さじ2/3　グラ
ニュー糖8g]　板ゼラチン トマト液
（容量）の1％

1 トマトをざく切りにし、Aとともに
ミキサーで3分攪拌する。

2 1を容器に入れて、冷蔵庫で半日
おく。固形分と水分に分離してくる。

3 ボウルにざるをのせ、上にペー
パータオル、大きめに切ったさらし布
を順に重ね、2を注ぎ入れてこす。最
後はさらし布の余っている部分で上面
を覆い、落としぶた、重石をのせて一
晩おく。

4 板ゼラチンを水でふやかす。3の
こした液を鍋に入れて火にかけ、沸騰
直前にゼラチンを加え、ひと煮立ちさ
せる。

5 容器に移し、冷蔵庫で一晩おく。

●冷製のみ

にんにくのスープ
Potage-purée d'ail
[ポタージュ・ピュレ・ダイユ]

にんにくはゆでこぼしと30分以上
の煮込みの結果、においが意外なほ
ど気にならなくなると思います。

■**材料（2〜3人分）**
にんにく50g　バター15g　鶏がら
スープの素（顆粒）小さじ1　牛乳45
㎖　水適量

1 にんにくは薄皮をむき、縦半分に
切って中の芽を取り除く。

2 鍋にたっぷりの水とにんにくを入
れて火にかける。煮立ったらざるにと
る。

3 鍋に新たに水300㎖を注ぎ、にん
にく、バター、鶏がらスープの素を入
れて火にかける。弱火で30分ほど煮る。

4 煮汁が3/4に減ったら、煮汁ごと
ミキサーに移し、3分攪拌する。

5 目の細かいこし器でこす。鍋に戻
して牛乳を加え、さっと温める。

●温製のみ

ポタージュとスープ

Potage et Soupe
[ポタージュ・エ・スープ]

クリームスープやコーンスープのようにとろみがついているものも、コンソメのように透明でさらっとしているものも、そして野菜や肉がざくざく入った具だくさんのものも、すべてフランス料理の分類ではポタージュと総称されます。どうして同じ「液体料理」にポタージュとスープという2つの名前があるのでしょう。その答えはフランス料理の歴史の中に見ることができる、と谷シェフは語ります。

スープはパン入りの汁ものでした

昔の農村では毎日パンを買ってきたり、自宅で頻繁に焼くことができなかったので、堅くなったパンを煮ものの汁やワインに浸して食べやすくしていました。そもそもスープとは煮汁やワインに浸して柔らかくしたパンを指す言葉でした。それがしだいに、豆や野菜、卵、塩漬け肉などを煮込んだ料理をパンにかけたり、あるいはそれにパンを加えて煮込んだ料理もスープと呼ぶようになりました。スープにクルトンを浮かべるのはこうした古い時代のスープの名残だといわれています。

　18世紀ごろになると、裕福な階層の人々はスープを「庶民が食べる下品なもの」と考えるようになり、自分たちが食べる液体料理をポタージュと呼ぶようになりました。そんな歴史的背景から、現在でもレストランで提供されるような洗練された「液体料理」はポタージュ、家庭で食べるような素朴なものをスープと呼び分ける傾向があるようです。

ポタージュは4種類に分類されます

フランス料理は非常に論理的で、さまざまな料理が系統的に分類されています。液体料理の総称であるポタージュは右ページのように「澄んだポタージュ」「とろみのあるポタージュ」「特殊なポタージュ」「外国のポタージュ」の4つに大きく分類されています。

　澄んだポタージュの代表はコンソメです。コンソメは一般的にはブイヨンで肉や野菜を煮出し、卵白であくを吸着させ、きれいにこしとって、あくまでも透明に仕上げます。一見すると、液体だけで具が何もなく、ものたりないようですが、この液体の中には肉と野菜の旨み成分がたっぷりと溶け込んでいるのです。材料も手間も時間も贅沢に使って磨き上げた、ポタージュの宝石のような存在です。ブイヨンもこの分類に入ります。

とろみのあるポタージュもいろいろ

「とろみのあるポタージュ」は肉や魚、野菜などを柔らかく煮て、裏ごししてなめらかに仕上げるのが大きな特徴です。とろみのつきにくい野菜で作る場合は、つなぎとしてじゃがいもや小麦粉などを加えてとろっと仕上げます。けれどもグリーンピースやかぼちゃなど、そのものにでんぷん質が多い野菜では、特別なつなぎなしでもピュレにするだけで自然なとろみがつきます。

　肉や魚で作るポタージュには「つなぎ」材料として小麦粉や米、卵黄を加えたり、えびやかにの内臓を使ってとろみづけをすることもあります。また肉や魚のポタージュに限らず、生クリームを加えたり、ベシャメルソースなどとろみのあるソースを加えてなめらかに仕立てることもあります。

ポタージュの分類

澄んだポタージュ

ポタージュ・クレール（po-tages clairs）といい、コンソメやブイヨンが属します。コンソメは牛肉、鶏などをブイヨンで静かに煮出したスープで、澄まして仕上げるのが特徴。贅沢に使った材料の旨みが凝縮しています。

特殊なポタージュ

具の形が残っている家庭的あるいは地方色の強いポタージュ。特別という意味で、ポタージュ・スペショー（potages spéciaux）と呼ばれます。ボリューム感があり、このスープとパンだけで食事にすることができます。

とろみのあるポタージュ

日本で普通にポタージュと呼ばれるもの。肉や魚介、野菜などを煮て、裏ごしして作ります。ポタージュ・リエ（potages liés）といい、なめらかさに特徴があります。とろみは野菜のピュレや米、小麦粉などでつけます。

外国のポタージュ

ロシア、イギリス、イタリアなどのスープやポタージュはポタージュ・エトランジェ（potages étrangers）に分類されます。ミネストローネなどの海外のスープは、とろみがあっても澄んでいてもすべてここに入ります。

具だくさんスープは特殊なポタージュ

フランスで昔から食べられていた素朴な家庭風、田舎風のスープを特殊なポタージュに分類します。こしたり、とろみをつけていないポタージュです。典型的なスタイルは野菜や肉がざくざく入った具だくさんのスープで、スープ・ペイザンヌ（田舎風スープ）と呼ばれます。またポトフーやポテなど煮汁をスープとして供する煮込みも「特殊なポタージュ」に属します。

また、フランスでは外国の料理がたくさん親しまれていて、それらはフランス伝統のポタージュとは一線を画して、「外国のポタージュ」として分類されます。私たち日本人がよく知っている、ロシア料理のボルシチ、イタリアのミネストローネ、アメリカのクラムチャウダー、ポークビーンズなどが含まれます。

スープのだし
Bouillon

フランス料理の煮込みやスープでは、ブイヨンと呼ぶ「だし汁」を用いるのが一般的です。ブイヨンには煮出す素材と用途によっていくつかの種類、呼び名があり、単にブイヨンという場合は鶏がら、牛骨、牛すじ肉、野菜などを煮出したものを指します。このほかクール・ブイヨンという魚介をゆでるときに使う香味野菜の煮出し汁や、ブイヨン・ド・レギュームという野菜のブイヨンもあります。本書では鶏がらスープの素を使ったレシピを紹介していますが、もちろん下記の鶏のブイヨンでもOK。

鶏のブイヨン
Bouillon de volaille
[ブイヨン・ド・ヴォライユ]

鶏でとるブイヨンはくせがなく利用範囲の広いものです。ブイヨン作りでぼくが気をつけているのは、澄んでいること、そしてきちんと旨みが出ていることの2点です。透明なブイヨンにするためには、沸騰したときに出る最初のあくをしっかり取り除くことにつきます。そして、弱火で煮立てないようにしてゆっくり煮出していけばおいしいブイヨンになっていきます。

■材料（でき上がり約1ℓ）
鶏がら……2羽分
鶏手羽肉……6本
塩……小さじ1/2
黒こしょう……適量
水……2.5ℓ

●鍋　直径22〜25cmくらいの鍋。広口タイプよりも高さのある寸胴タイプのほうがよい。

●煮込み時間　約70分

1 鶏がらの肺と血合いを取り除く。余分な脂身や皮もとり、水で洗う。

2 鶏がらを骨ごと小さくぶつ切りにする。手羽は手羽先と手羽中を切り離す。

3 鍋に分量の水と2を入れて中火にかける。白く濁ってきたら木べらで肉をそっと動かして、くっついた肉をばらす。決して激しく混ぜない。

4 煮立ってきたら火を弱め、浮いてきたあくがまとまり、固まってくるのを待つ（写真）。5分くらいして、あくを指ですくっても泡がつぶれない状態になったら、レードルですくいとる。湯の表面がゆらゆら揺れるくらいの火加減にして煮出していく。途中で白いあくが出たらときどき取り除く。約1時間たち、半量に煮つまったら味みをする。旨みとゼラチン質が出ていればよい。塩を加える。

5 ペーパータオルを2枚重ねにしてざるに敷き、ボウルにのせる。黒こしょうをペーパーの上にふり、4をレードルで静かにすくって注いでこす。冷蔵庫で3〜4日は保存可能。

■アレンジ 1

そのまま食べたい

鶏のブイヨン コンソメ風

Consommé de volaille

[コンソメ・ド・ヴォライユ]

上手にとれたブイヨンは、単にだし汁として使うだけでなく、塩味をつけてそのままコンソメ風のスープに仕立てててもおいしいものです。鶏のエキスが充分に出ていて、元気のもとが体にしみ渡るのを感じるはずです。

■材料（4人分）

鶏のブイヨン……600mℓ
塩……ひとつまみ

ブイヨンを鍋で温め、味をみて、必要なら塩を加える。

●温めるときには必要以上に煮つめないようにしてください。煮つめると香りがなくなります。

●これをソースに応用するときは煮つめますが、そのときは強火でワーッと一気に煮つめます。魚料理の軽いソースなら、煮つめてオリーブ油を少し落とすだけで簡単に作れます。

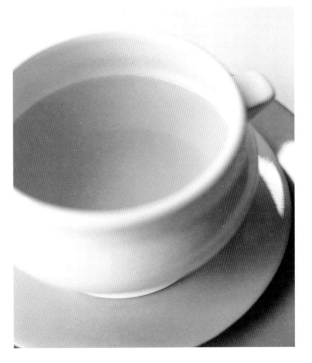

■アレンジ 2

いつものご飯で

リゾット風

Risotto au bouillon de volaille

[リゾット・オー・ブイヨン・ド・ヴォライユ]

ブイヨンを半量まで煮つめた汁は、濃厚な旨みがあるうえに、滋養に富んだものです。これでおじやを作る感覚でご飯を煮れば、お手軽リゾットのでき上がり。ここではバターとクリームでこっくり仕上げましたが、これを省いてさらっと煮れば、消化がよくて栄養があって、夜食やちょっと体調のすぐれないときにもおすすめできます。好みで卵を溶き入れてもよいでしょう。

■材料（2人分）

A［鶏のブイヨン400mℓ　塩小さじ1/3　生クリーム小さじ1（省く可）］　冷やご飯130g　鶏手羽肉（ブイヨン作りに使ったもの）6本　玉ねぎ（みじん切り）10g　バター15g　パルミジャーノチーズ小さじ2　トマト（みじん切り）大さじ2　パセリ（みじん切り）少量

1 鶏手羽肉の皮を取り除き、身をほぐす。

2 鍋にバターを溶かし、玉ねぎを炒める。しんなりしたらAを加え、煮立ったら冷やご飯を加える。再び煮立ってきたらパルミジャーノチーズを加え、ひと混ぜして器に盛りつける。

3 ほぐした肉とトマトをのせ、パセリをふる。

2 定番シチューを ビストロ仕立てで

煮込み料理には、古いフランス料理の魅力というか匂いが残っているように
思います。ゆっくり料理を作ることは、とても大切なこと。
ぼくは料理をする前の仕込みがすべてだと思っていますから、
肉にはまず下味をつけてしばらくおくなど、この本の冒頭でも、それぞれの
レシピでも、くりかえし書きました。煮込み料理にはこうした守るべき
ポイントが少なからずありますが、あとの工程はごくごくシンプルなのです。
世の中はいつごろから、早いものが良いという価値観、時短料理や簡単料理を
尊ぶようになったのでしょうか。
ゆっくり料理することはおいしさにつながります。塩味も仕込み・中盤・仕上げと
3回に分けて味みをしながら少しずつととのえていけば、失敗もありません。
どうぞゆったりした気持ちで、まずはこのレシピの通りに作ってみてください。

クリームシチュー
Fricassée de volaille
[フリカッセ・ド・ヴォライユ]

骨つき肉を使うと、煮ていくうちに骨から
旨みとゼラチン質が煮汁へゆっくり出て、
おいしいだしのきいたソースに。そして肉、
とくに骨のまわりの肉が、しっとり煮上が
ります。

フランスにクリームシチューとい
う料理はありませんが、あえて近
い存在を挙げるならフリカッセと
いう料理でしょう。フリカッセは
白いソースや生クリームを使っ
て鶏肉などを煮る伝統的な白い
煮込みのひとつです。クリームシ
チューのようにじっくり煮込むも
のも、クリームの中にくぐらせる
ぐらいにさらっと煮たものもあり
ます。本書では別にソースを作る
ことはせず、直接生クリームを鍋
に加えて仕上げる方法を紹介しま
す。クリームのまろやかなやさし
い味わいで鶏肉を包み込むように
煮ます。

ルーもソースも不要。生クリーム仕上げのクリームシチュー

チキンフリカッセ
Fricassée de cuisses de poulet
[フリカッセ・ド・キュイッス・ド・プーレ]

フリカッセはフランスの伝統的な白い煮込みです。主に鶏肉を使いますが、ときには仔牛肉や魚介でも作ります。どの肉を使う場合でも煮る前に色づかない程度にソテーするのが特徴で、そのあと煮て、クリームなどで仕上げます。ソテーする前に、肉にしっかり味をつけておくことが実は大事な作業で、そうすることでクリームソースをマイルドに軽く仕上げることができます。鶏肉に充分な味がついてないと、どうしても煮汁の味を濃くしたり、とろみを強くしてしまい、結果としてべたっと重いソースになります。ぼくは肉に塩をしてから最低30分はおいて使います。

作り方　P.42〜43参照

■材料(4人分)

鶏もも骨つき肉……4本(800g)
じゃがいも……小2個(200g)
玉ねぎ……1個(150g)
にんじん……細め1本(150g)
かぶ……1と1/2個(150g)
カリフラワー……1/3株(100g)
ブロッコリー……1/3株(80g)
生クリーム……75㎖
バター……30g
強力粉……小さじ1
鶏がらスープの素(顆粒)
……小さじ1
塩、水……各適量
つけ合わせ
グリーンピースのバター煮(作り方は
P.85)……適量

●代用いろいろ
ブロッコリー→なくてもよい。代わりにい
んげんやグリーンピースなどくせのない
緑色の野菜を加える。
カリフラワー、かぶ→なくてもよい。また
はどちらか一方でもよい。

●鶏もも骨つき肉　購入時に、1本を3
つにぶつ切りにしてもらうと下ごしらえ
がらく。

●鍋　直径22㎝ぐらいの厚手鍋

●煮込み時間　約40分

下ごしらえ

1 鶏もも肉を3つにぶつ切りにする。
塩小さじ2をまぶし、手でよくも
み込む。そのまま30分おく。

2 玉ねぎを1cm角に切る。にんじん
とじゃがいもは小さめの乱切りに
する。カリフラワーとブロッコリーは小
房に分ける。かぶは皮つきのまま縦に
8つに切り、面取りをする。

肉を焼く

3 バターを鍋に入れ、溶け始めた
ところで鶏肉を入れる。全体が
白っぽくなるまで焼く。白く仕上げる料
理なので、ここでは焼き色が薄くつく
程度にとどめる。濃い焼き色がつくと
ソースに色がついてしまう。

ベース作り

4 鶏肉にほどよく火が入ったら一度
取り出し、玉ねぎを入れ、鶏肉か
ら出た脂で炒める。玉ねぎに透明感が
出て、食べてみて甘くおいしく感じるぐ
らいまで炒める。

5 鍋に鶏肉を戻し、強力粉をふり、
全体を大きく混ぜ返しながら炒め
る。粉がうっすらと色づいて、鍋底に
べたっとはりつくようになればよい。こ
れはサンジェという作業(P.43参照)。

煮る

6 水800㎖、鶏がらスープの素を加
えて弱めの中火にする。あくが出
てきたら取り除く。

7 あくをとったら、ぼこぼこ煮立た
ない状態に火を弱めてじゃがいも
を加える。じゃがいものでんぷん質が
煮汁にとろみをつけるので、ここでは
生で入れる。15〜20分煮る。ふたはし
ない。

8 別鍋ににんじんと水を入れて火にかけ、さっとゆがいてざるにとる。カリフラワーとかぶは別々に沸いた湯に入れて堅めにゆでる。ブロッコリーは塩分2%の湯で色よくゆでる。肉がほぼ柔らかくなったら、7の鍋ににんじんを加えて煮る。

9 にんじんが柔らかくなったら、かぶ、カリフラワーを加えて火を止める。ふたをしてそのまま10分おき、余熱で野菜を温める。

仕上げ

10 ブロッコリーと生クリームを加えて再び火をつけ、ひと煮立ちしたら火を止める。生クリームは分離しやすいので、煮込みに加えたら長く加熱しないこと。ブロッコリーも色がわるくなるので煮すぎないようにする。

すぐに食べないとき ブロッコリーは加えずにおく。食べるときに、弱火でゆっくり温め、具材の芯まで温かくなったところで加える。ブロッコリーが温まればよい。

でき上がり

Technique
プロのとろみづけ 「サンジェ」とは

鶏肉や玉ねぎなどを炒めたり、調理しているものに小麦粉をまぶすことをサンジェ（singer）といいます。これは煮汁にとろみをつけるために行う手法で、まぶした粉は具材とともに炒めて火を通します。サンジェでは使う粉の量が重要です。このレシピの分量は、ぼくが幾度となく失敗した経験から出したものです。慣れないうちは正確に計量してサンジェするようにしてください。

a 粉は具材の上にふり入れ、すぐに木べらで混ぜるか、鍋を大きくゆすって、全体にむらなくまぶす。

b 混ぜながら炒めていくと、うっすら色づいて、香ばしい香りがして、鍋底に粉の膜ができてくる。決して焦がさないように、こうなるまで加熱する。

a   b

チキンフリカッセで小さなコースを

Plus

グリーンピースのバター煮
バターライス
コルニション

料理を考えるときにぼくが大事にしているのは、味、香り、食感の3要素です。彩りはあまり気にしません。クリームシチューにはグリーンピースの皮がはじける食感やバターライスの少し堅くてもちっとした食感が合うと思いました。避けるべきなのは同じクリームを使った料理です。異なる味、香り、食感の料理を添えて、新たな気分でおいしくクリームシチューを食べてもらえるように考えましょう。ワインを合わせるなら定番ではシャブリなどの白ワインですが、よく冷やしたシードル（りんご酒）や中国茶なども合うと思います。

a グリーンピースのバター煮
ベーコンの香りが香ばしいつけ合わせです。グリーンピースのぷちぷちした歯ごたえが、この献立では魅力（作り方はP.85）。

b バターライス
バターの風味豊かなピラフを少しずつつけ合わせとして取り分けてください（作り方はP.84）。

c コルニション
小さなきゅうりのピクルスは、きりっとした酸味が、マイルドなシチューの味を引き締めます。市販品を利用。P.120参照。

つけ合わせのバターライスも利用して、野菜たっぷりのドリアに

リメイク●ホワイトソース感覚で

チキンドリア

Gratin de fricassée de poulet au riz
[グラタン・ド・フリカッセ・ド・プーレ・オー・リ]

チキンフリカッセの煮汁はホワイトソースの親戚のようなもの。ここではつけ合わせにしたバターライスを利用してドリアに。より軽いテイストがお好みなら、白いご飯で作ってもよいでしょう。

■材料 (1人分)
バターライス (または白いご飯)……70g
チキンフリカッセ……適量
グリュイエールチーズ……適量

1 グラタン皿にレンジで温めたバターライスを平らに敷く。シチューを温めて野菜と鶏肉をのせ、ひたひたまでシチューのソースをかける。

2 グリュイエールチーズをすりおろして、1にたっぷりかけ、オーブントースターで焼き色がつくまで焼く。

プロのこだわり

「野菜の下ごしらえ」

クリームシチューはとても繊細な煮込みです。そのやさしいクリームの風味を損なわずに仕上げるために、野菜の使い方に気を使います。にんじんやカリフラワー、かぶといった野菜には、少なからず特有のえぐみやにおいがあり、これが混ざるとけっこうな雑味となってデリケートなクリーム風味を邪魔するからです。そこで下ごしらえでそうした雑味要素を抜いてから鍋に加えます。いずれも別々に数分ゆでて、気になるくせを抜きます。この下ごしらえの作業を、専門用語ではブランシール (blanchir) といいます。火を入れるのが目的ではないので、堅ゆで状態で引き上げます。こうしたひと手間をほどこすことで、でき上がりの違いは歴然です。いつものクリームシチューであっても、一段とエレガントになるはずです。じゃがいもは生のまま加えますが、これはじゃがいものでんぷんが煮汁に溶け出してとろみづけになるから。ブロッコリーは色よくゆでておいて最後に加え、緑色を鮮やかに残すようにします。

野菜を鍋に加える前に数分下ゆでして雑味を抜きます。こうしてから煮ることで、クリームのデリケートな風味を守ることができます。

胸肉のしっとりした柔らかさを生かして

鶏肉の軽いクリーム煮

Suprême de volaille à la crème

[シュプレーム・ド・ヴォライユ・ア・ラ・クレーム]

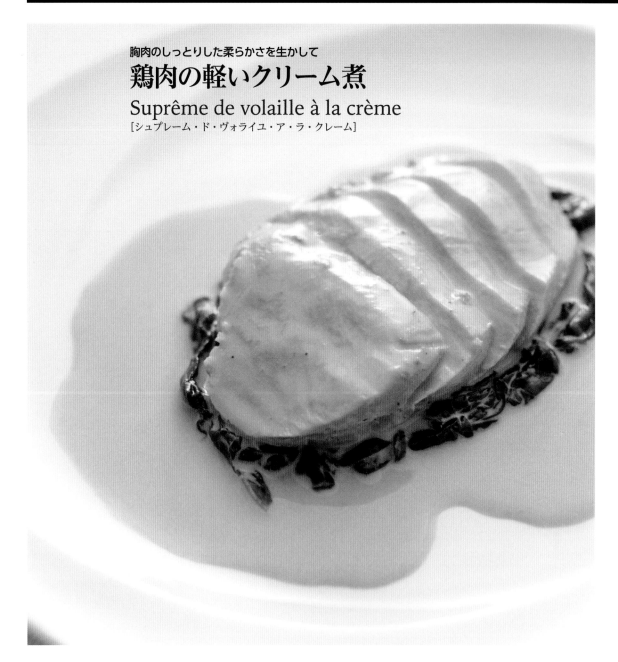

鶏胸肉は脂が少なく、あっさりした淡泊なおいしさが魅力です。それを生かすには火を通しすぎないことがいちばんのポイントで、中心部にピンク色が残っているぐらい、ステーキでいえばミディアムの状態に仕上げるのがベストです。胸肉は火を通しすぎるとパサパサして、とても味気ないものになってしまうのです。もも肉はじっくり煮込む、胸肉はさっと煮る。おいしく食べるには部位によって煮込み加減が違うことを知っておいてください。ピンク色を残した胸肉は、しっとりして本当においしいものです。そしてもうひとつのポイントは、ソースを長く煮ないことです。クリームのなめらかな舌ざわりが台なしになってしまいます。この料理は肉もソースも時間をかけないことが大切です。

■材料（4人分）

鶏胸肉（皮なし）……350g（大なら2枚）
白ワイン……100mℓ
バター……10g
A 生クリーム……50mℓ
　バター……25g
　鶏がらスープの素（顆粒）……小さじ1
　水……100mℓ
B 白ワイン……100mℓ
　ハーブミックス（作り方は下記）……小さじ1/4
　塩……小さじ1/3

つけ合わせ
ほうれん草の焦がしバターソテー（作り方はP.83）

●代用いろいろ　ほうれん草の焦がしバターソテー→グリーンピースのバター煮（P.85）、にんじんのグラッセ（P.82）など。

●鍋　直径22cmくらいの鍋もしくはフッ素樹脂加工のフライパン

●煮込み時間　2〜3分

●ハーブミックス　タイム1g、タラゴン5g、セージ5g、ローズマリー2.5g、ローリエ2枚、マジョラム5g（すべて乾燥品）をミキサーにかけて、粗めの粉末にしたもの。

1 ビニール袋に鶏胸肉と材料Bを入れ、空気を抜いて口をしばる。冷蔵庫で一晩おいて、味をなじませる。

2 鍋にバターを溶かし、鶏肉を入れ、色をつけないように焼く。肉にほぼ火が入ったところで取り出す。

3 2の鍋に白ワインを加え、中火で2分ほど煮つめる。

4 材料Aを加えて手早く混ぜ合わせる。

5 4の鍋に鶏肉を戻して2〜3分煮る。肉が温まったら再度取り出し、ソースを煮つめてほどよいとろみをつける。肉は適宜スライスする。器にほうれん草の焦がしバターソテーを敷き、鶏肉をのせ、ソースをかける。

Chef's comments

おもてなしに使うなら、右に紹介したように、ソースにマティニョンをプラスしたり、オードヴルに魚介の料理やサラダなどを用意してはどうでしょう。気軽な食卓ならば、野菜のつけ合わせをいろいろ添えてボリューム感を出した一皿にしても。

Technique

レストラン流にソースをアレンジ
マティニョンとトリュフを加えます

マティニョンとはにんじん、玉ねぎ、セロリの小角切りをバターで炒めたもの。ソースに加えると風味がぐっと増して、見た目も華やかになります。さらにトリュフを加えると、レストラン料理の雰囲気になりますね。

■作り方（1人分）

塩ゆでしたさやいんげん1本とトリュフ5gをみじん切りにする。プロセス5のソース75mℓにマティニョン（作り方はP.124）30gとさやいんげん、トリュフを加え、さっと合わせる。皿に鶏肉を盛り、ソースをかけ、さらにトリュフの細切り5gを散らす。写真のつけ合わせはじゃがいものピュレ（作り方はP.82）。

牛肉の煮込み
Ragoût de bœuf
[ラグー・ド・ブッフ]

もも肉を使うとあっさりして軽い仕上がりに。もう少しこってりしたのが好みでしたら、ばら肉を使うとよいでしょう。野菜は最初から肉といっしょにごった煮にせず、別々に下ごしらえして合わせます。

煮込み料理では肉の堅い部位を使います。柔らかくするために時間をかけて煮込みますが、その間に肉のおいしいエキスは煮汁へ出ていき、一時、肉は抜け殻のようになります。しかし、煮込みのおいしさは、この一度出てしまったエキスの旨みが、時間とともに再度肉と融合したもの。エキスの出た煮汁は、さらに煮ることでほどよく煮つまりながら味を強め、肉とともに煮えていきます。そして最後には全体が混沌として深い味わいとなるわけです。煮込み料理は火と時間が作る料理。ゆっくり煮ることで自然とおいしさに導かれていきます。

作り方　P.50〜51参照

牛肉の旨みを生かしてトマト風味で煮込む

ビーフシチュー

Ragoût de bœuf aux légumes

[ラグー・ド・ブッフ・オー・レギューム]

市販のドミグラスソースを使わずに、玉ねぎやトマトをベースにして作るナチュラル風味のおいしいシチューです。少し赤ワインを加えていますが、トマトが加熱用で味が濃厚なら、それもなくてもかまわないぐらいです。でき上がりの感じは、使う肉の部位によってもずいぶん違ってきます。お好みで選んで使ってください（下記参照）。ぼくは個人的に脂身の少ないもも肉で作るさらっとしたシチューが好き。しかし肉をさらっとした煮汁で長く煮ると、どんどん旨みが煮汁に出ていくので、この場合は肉が柔らかくなったらそれ以上煮ないことがポイントです。食べるときは肉をほぐして煮汁をからめながら食べてください。これがシチューのおいしい食べ方です。

■材料（4人分）

牛ももまたはばら肉（かたまり）
　……600g
玉ねぎ……1と1/2個（220g）
トマト……小2個（200g）
じゃがいも……2個（300g）
にんじん……細め1本（150g）
ブロッコリー……1/3株（80g）
バター……25g
オリーブ油……大さじ2
強力粉……小さじ1
赤ワイン……150ml
ローリエ……1/2枚
塩、水……各適量

●代用いろいろ　ブロッコリー→緑色のきれいな野菜なら何でも。さやいんげん、絹さや、グリーンアスパラガスなどは堅ゆでにして使用。

●鍋　直径22cmぐらいの厚手鍋

●煮込み時間　約2時間

▌牛肉はどの部位を選ぶ？

部位によって仕上がり感が違うので、どこを使うかは重要です。もも肉ならあっさり、さっぱり。ばら肉なら少々こってりしてこくありタイプに。すね肉と牛尾はゼラチン質が多いので、ソースには舌にまとわりつくような旨みが出ます。食べたいテイストで部位を選んでください。

下ごしらえ

1 牛肉を5〜6cm角に切る。煮込むと縮むので大きすぎるかなと思うくらいでちょうどいい。

2 塩小さじ2をふり、よくもみ込む。バットに並べて30〜40分おき、肉に塩をしみ込ませる。

3 トマトは湯むき（P.122参照）して種を取り除き、小角切りにする。玉ねぎはくし形に切る。にんじんは小さめの乱切りにする。ブロッコリーは小房に分けて、塩分2％の湯で色よくゆでる。じゃがいもは皮つきのまま水から弱火でゆっくりゆで、皮をむいておく。

肉を焼く

4 フライパンにオリーブ油を温め、牛肉を焼く。表面にしっかりと焼き色がつき、焼いた肉の香ばしい香りが出てくるまで焼く。

5 鍋に焼いた牛肉を入れ、強力粉をふり入れて全体にからめて炒める。粉が薄茶色になって香ばしい香りがし、鍋底にはりついてくればよい。

煮る

6 トマト、赤ワイン、ローリエ、水500mlを加える。温度が上がってきたら、あくが出やすいようにスプーンなどで肉をそっと動かして隙間を作る。煮立ったらあくを取り除く。湯の面がゆらゆら揺れてときどきぽこっと泡が浮く火加減（弱火）にする。

7 フライパンにバター15gを溶かし、玉ねぎを炒める。透明感が出て、食べてみて甘みが出ていたら**6**の鍋に加える。1時間半ほど、ふたをしないで煮込む。水分が減ったら、その分の水を途中でたす。

8 肉が柔らかくなってきたころ、小鍋にバター10gを溶かし、にんじんを焦がさないようにつややかに炒める。焦げつきそうになったら水を少々加え、半ば火が通ったところで**7**の鍋に加えて煮る。ここからは煮汁が減っても水をたさない。

にんじんをつけ合わせにする場合は、鍋に加えず、ここで塩味をつけて芯まで火を通しておく。

仕上げ

9 にんじんが柔らかくなったら、別ゆでしたじゃがいもを適当な大きさに切って加える。温まったらブロッコリーを加えてさっと煮る。色があせないうちに器に盛りつける。

野菜をつけ合わせにする場合は、ここで加えない。

ひと手間かけて
もっとおいしく

もうひと味高めるために香味野菜をプラスします。玉ねぎ、にんじん、セロリをざく切りにして鍋でしっとりと炒めたところに、**4**の焼いた肉を加えます。あとは**5**から同様に粉をふって炒め、煮ていきます。野菜の甘み、旨みが煮汁にプラスされて、より丸みのある味わいになります。ただし、この場合は肉が柔らかくなったら一度肉を取り出し、煮汁をこしてごろごろした野菜を取り除いてから、再び肉を鍋に戻すという作業が必要です。あるいはマティニョン（P.124参照）を仕上げに加えてなじませるというのもよいでしょう。

盛りつけを変えて 具材のにんじん、じゃがいも、ブロッコリーを別々においしく仕上げて、つけ合わせとして盛ってもよいでしょう。こうすると少し改まった感じになりますし、それぞれの野菜の個性をはっきり出せます。

ビーフシチューで小さなコースを

Plus

いかのマリネ

オレンジと
グレープフルーツのゼリー

メインがビーフなので前菜は魚介を使った料理にしましょう。いかのマリネは前日に作っておけるので、当日は手間なしです。ハーブがあったら、盛りつけるとき、マリネに少し添えるとよいでしょう。香りが格段に変わります。デザートはさわやかなフルーツのとろとろゼリーに。ボリュームのあるビーフシチューのあとでも、口あたりがよくてすっとおいしくいただけるはずです。ここではグレープフルーツで作りましたが、季節のフルーツを使っていろいろ応用してみるのもよいでしょう。ゆるゆるに固めているので、盛りつけはグラスなどにして、スプーンですくいながら召し上がってください。

a いかのマリネ

■材料（4人分）

いか（ここでは小いか。たこでもよい）
　……450g
A┌玉ねぎ（みじん切り）……大さじ1
　├にんじん（みじん切り）……大さじ1
　└セロリ（みじん切り）……大さじ1/2
オリーブ油……大さじ3
すだちやレモンなど柑橘類
　……1/2〜1個
バジルの葉（みじん切り）……小さじ1
ハーブ（シブレット、セルフィーユ、ディ
　ルなど）……適量
塩……適量

1 オリーブ油を小鍋で軽く温め、Aを加えて炒める。よい香りがしてきたら塩ひとつまみを加える。冷ましてからバジルを加える。

2 いかを塩分2％の湯でさっとゆでてざるに上げ、熱いうちに**1**のソースをからめ、すだちやレモンを絞る。

3 ハーブを刻んで少量のオリーブ油をからめて皿に敷き、いかを盛る。すだちなどを添えてもよい。

b オレンジと
グレープフルーツのゼリー

■材料（4人分）

グレープフルーツ……大1個（320g）
オレンジ……大1個（180g）
グラニュー糖……60g
板ゼラチン……3g

1 板ゼラチンを冷水100mℓに浸してふやかしておく。

2 オレンジとグレープフルーツは果肉を袋から出す。しみ出た果汁はボウルに受ける。

3 鍋に果肉、果汁、グラニュー糖を入れ、果肉をほぐしながら火にかける。煮立ったら火を止め、**1**のゼラチンを加えて溶かす。溶けたらすぐにボウルに流して粗熱をとり、冷蔵庫で3時間以上冷やしてとろとろに固める。

煮汁はおいしい褐色のソースに！
時間をかけた練れた味わいです

リメイク1　おなじみメニューに
オムライス
Omelette au riz pilaf
[オムレット・オー・リ・ピラフ]

ビーフシチューの具をご飯といっしょに炒めて
ピラフにして、煮汁は煮つめて自家製ドミグラ
ス風ソースとして使います。大好評です。

■材料（1人分）
ビーフシチュー……適量
ご飯……80g
卵……3個
バター……15g
生クリーム（もしくは水）……小さじ1
塩……適量

1 シチューの牛肉、にんじん、じゃがいもを小さく
切る。煮汁は適度に煮つめてソースにする。

2 フライパンにバター10gを入れ、ご飯と肉、野
菜を炒める。塩ひとつまみとシチューの煮汁大さじ
2〜3で味をつける。器に紡錘形に盛る。

3 卵を溶いて、塩ひとつまみ、生クリームを加え
て軽く混ぜる。フライパンにバター5gを溶かし、
卵を入れてかき混ぜ、ふんわり柔らかめのオムレツ
を作る。ピラフの上にのせる。

4 オムレツの中央に切り目を入れて開く。1の
ソースをかける。

リメイク2　フレンチらしく
牛肉のリエット風
Ragoût de bœuf comme rillettes
[ラグー・ド・ブッフ・コム・リエット]

リエットは煮た肉を細かくほぐしてまとめたもの。前
菜の定番料理のひとつです。バゲットにつけてどうぞ。

■材料（2人分）
ビーフシチュー（汁気をのぞいて）……100g
オリーブ油……小さじ2
おろしにんにく……小さじ1/3
バゲット……適量
ここでは野菜の軽い蒸し煮ギリシャ風（作り方P.85）をつ
け合わせに。

1 ビーフシチューの肉を細かく刻む。じゃがいもは軽く
つぶし、にんじんとブロッコリーはみじん切りにする。す
べて合わせてボウルに入れる。

2 1に、オリーブ油とおろしにんにくを加えてハンバー
グを作る要領でこねてなじめばでき上がり。

3 ソースは、シチューの煮汁を適度に煮つめ、オリーブ
油を少量加えて作る。器に2を小さくまとめて盛り、ソー
スをかける。ピクルスやバゲットを添えてもいい。

作り方 P.56参照

旨みがぎゅっと詰まったフランス風ハヤシライス

ミロトン（ハッシュドビーフ）

Bœuf miroton

［ブッフ・ミロトン］

ハヤシライスの原形といわれる煮込みです。元来は前日のポトフーの残りの牛肉で作るもので、パサパサした肉をおいしく食べられるようにと工夫した料理です。ぼくもフランス修業のころ、レストランのまかないで何度も食べましたが、残りもののせいでしょうか、けっしておいしいものではありませんでした。ここでは残り肉ではなく、生肉から作ったので、ミロトンにしてはおいしすぎるぐらい旨みのある料理になってしまいました。こうしたいろいろな素材の味が渾然一体となった料理では、味の引き締め役が必要になります。ミロトンでは、トマトや玉ねぎから甘みが出るので、コルニションという小さなきゅうりの酢漬けや黒こしょうがその大切な役目をしています。

Chef's comments

ここでは野菜をあまり使わず、牛肉主体の料理に仕上げましたが、にんじんやセロリなどの香味野菜を加えてもよいでしょう。フランスでは煮込んでからオーブンで焼いて仕上げるのが一般的ですが、日本人ならこれを白いご飯と合わせてハヤシライス風に気取らずに楽しんでもらうのもよいと思います。

ミロトン（ハッシュドビーフ）の作り方

■材料（4人分）

牛もも薄切り肉……400g
玉ねぎ……2個（300g）
A┌トマト……500g
　│白ワインヴィネガー……50㎖
　└水……500㎖
B┌オリーブ油……大さじ1
　└塩……小さじ1/2
バター……70g
コルニション（P.120参照）……40g
パセリ（みじん切り）……少々
塩……適量
黒こしょう……少量
つけ合わせ
ご飯……適量

●代用いろいろ　牛もも肉→脂身の少ない部位ならももでなくてもよい。

●鍋　広口の厚手鍋

●煮込み時間　約1時間半

1 玉ねぎは繊維に沿って薄切りにする。トマトは湯むき（P.122参照）してざく切りにする。コルニションは斜め薄切りにする。牛肉にBの調味料をまぶしてもみ、1枚ずつにはがす。そのまま20分ほどおく。

2 鍋にバター40gを入れ、溶け始めたら玉ねぎを加える。茶色くなるまで木べらで混ぜながら弱火でゆっくり炒める。玉ねぎ自体の水分が少なくて炒め続けられないときには、ときどき水をたしながら炒める。

3 フライパンにバター30gを入れ、溶け始めたら牛肉を加え、強火で焼き色がしっかりつくまで焼く。

4 玉ねぎの鍋に**3**の肉と材料Aを加え、弱火で煮込む。水気が少なくなったらコルニションを加え、味をみる。必要なら塩ひとつまみを加え、黒こしょうをふる。ハヤシライス風に食べるなら、この状態で盛りつけてもよい。盛りつけてからパセリをふる。

5 オーブン焼きにするならグラタン皿に盛りつけ、200℃のオーブンで7分ほど焼く。最後にパセリをふる。

▎オーブンで焼くと

オーブンで焼くと、一段と香ばしくなり、また煮汁が煮つまって濃厚な味わいになります。じゃがいもやなすを下に敷いて焼くと、また雰囲気の違う料理として楽しめます。

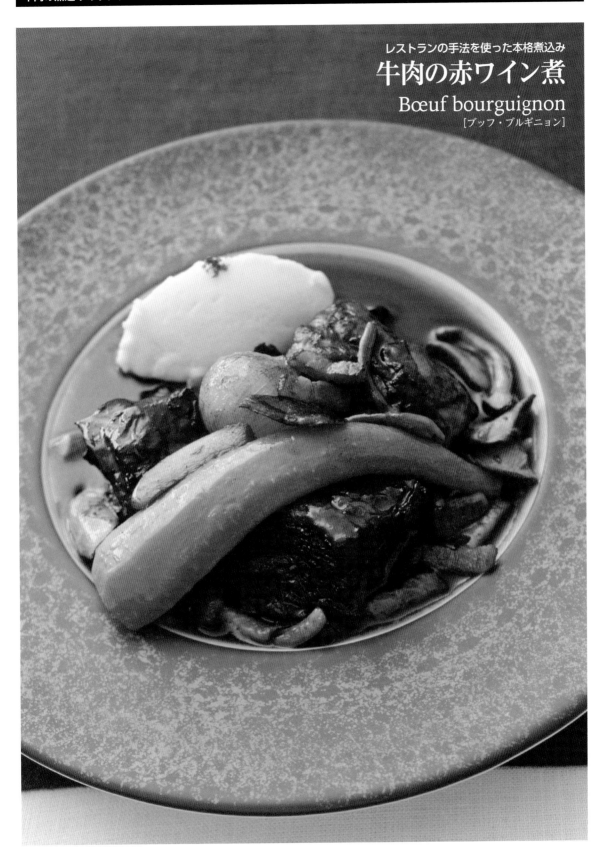

レストランの手法を使った本格煮込み

牛肉の赤ワイン煮

Bœuf bourguignon

[ブッフ・ブルギニョン]

作り方　P.58〜59参照　57

牛肉の赤ワイン煮の作り方

ぼくにとっても、多くの料理人にとっても、この料理では煮汁の煮つめと、その煮汁をさまざまな味と融合させていかにソースとしておいしく仕上げるかがとても重要だと思います。大げさな言い方ですが、ぼくたちにとっては、やはりソースは命なのです。ここでは赤ワインをぐーっと煮つめて「ミロワール」(鏡のようなつやつやな状態)にしたり、バターを焦がして香ばしい香りを出してから加えたりします。ひとつひとつの工程を経るごとに、赤ワインが風味豊かなソースへ変化していきます。おいしく変化させることは調理の楽しみ。一見面倒とも思える工程ですが、このなかにこそ料理の楽しみがあるように思います。

Chef's comments

にんじんのグラッセ、小玉ねぎのグラッセ、マッシュルームのソテー、ベーコンのソテーを添えるのが定番です。また、ヌイユというフランスのパスタもよくつけ合わせに用いられます。フランスの伝統的な重厚さを感じさせる一皿に仕上げたいですね。

■材料(4〜6人分)

牛ばら肉(かたまり)……1.2kg
A┌赤ワイン……250mℓ
　│にんにく……1個(球のまま)
　└塩……12g
B┌赤ワイン……750mℓ
　│ブイヨンキューブ……1/2個
　└水……500mℓ
C┌赤ワイン……300mℓ
　│クレーム・ド・カシス(P.120参照)
　└……大さじ1
バター……40g
オリーブ油……大さじ2
強力粉……小さじ2
水……適量
つけ合わせ
にんじんのグラッセ(作り方はP.82)
じゃがいものピュレ(作り方はP.82)
小玉ねぎのグラッセ(作り方はP.83)
きのこのバターソテー(作り方はP.85)

●代用いろいろ　つけ合わせにした野菜料理はすべてそろえなくてもかまいません。また、P.82〜85のつけ合わせメニューからお好きなものを組み合わせてもよいでしょう。

●赤ワイン　この料理で合計約1300mℓ使用します。最後の風味づけ用のCは上質なほうがよいのですが、Aの漬け込み用、Bの煮込み用は安価なもので充分です。

●鍋　直径24cmくらいの厚手鍋

●煮込み時間　約2時間半

1 前日に下ごしらえをする。牛肉を5〜6cm角に切る。にんにくは球根状のまま横半分に切る。ビニール袋に牛肉とAの材料を入れてぴったり口を閉じ、冷蔵庫に一晩おいて風味づけする。

2 1の漬け汁を小鍋に移し、水大さじ3を加えて弱火であくを引き出す。あくが固まったら茶こしでこす。

3 フライパンにオリーブ油を熱し、1の牛肉とにんにくを焼く。強い焼き色がつくまで焼けたら鍋に移す。

4 肉に強力粉をふりかけ、全体にからめながら炒める。粉にうっすら色がついて鍋底にへばりつくようになったら、Bと2の漬け汁を加えて煮る。あくが出たら取り除き、ふたをして弱火で2時間ほど煮る。途中、水分が減ったら適宜水をたす。水を入れて、浮いてくる脂はていねいに取り除く。肉が柔らかくなったら火を止め、煮汁に浸したまま1時間ほどおいておく。

5 別の小鍋にCを入れ、弱火で1/10量まで煮つめる。写真のような光沢が出て、こびりつく寸前まで。

6 4の鍋の粗熱がとれたら肉を取り出し、煮汁を火にかけて、半量まで煮つめる。この煮汁をレードル1杯ほど5の鍋に加えてのばし、完全に溶かす。取り出しておいた肉を煮込み鍋に戻し、5のソースを加えて温める。

7 フライパンにバターを溶かしてブール・ノワゼットを作る(作り方右記)。フライパンを絶えずゆすりながらバターを色づかせ、薄茶色になったらすぐに6の鍋に加えてひと混ぜする。最後の味みをして味をととのえる。赤ワインを風味づけに大さじ1(分量外)加え、ひと混ぜしてすぐに火を止める。

▌最後の味みと味の仕上げ

ここでは最後に赤ワインを加えましたが、そのときどきの味のでき具合によって、ブランデーやクレーム・ド・カシス、酢などをごく少量加えることもあります。使用する赤ワインや肉質などによって微妙にプラスしたい風味が違うためです。でき上がりのイメージをふくらませて選択してみてください。いずれも風味を添えるものなので、加えてひと混ぜしたら、すぐに火を止めることが大事です。

▌Technique

焦がしバター ブール・ノワゼット

「ノワゼット」とは、はしばみ＝ヘーゼルナッツ。はしばみ色になるまで香ばしく焦がしたバターです。バターは溶け出すと、あっという間に温度が高くなり、水分が気化して焦げやすいので鍋につきっきりで作ります。ポイントは泡の状態をよく見ること。焦げ色の濃いほうが香ばしいのですが、淡くても充分です。

1 冷たい鍋またはフライパンにバターを入れて中火にかけ、傾けて回し、常にバターを混ぜる。

2 バターが溶けてくると大きな泡が出てくるが、焦げを均一にするため回し続ける。うっすらと色づいてくるが、泡はまだ大きいまま(写真a)。

3 泡が細かくなったら、あっという間に色づくので注意(写真b)。泡がすっと落ちるように消える瞬間があり、この状態がブール・ノワゼット(写真c)。余熱でも火が入るので火を止める。加熱しすぎると鍋底に砂のような焦げが見えてくるが、これはNG例(写真d)。

ポトフー
Pot-au-feu
[ポトフー]

野菜はまるごと煮るのが、ぼくのポトフーの基本スタイル。いざ食べようと大きな野菜にナイフを入れて、たっぷりと煮汁を含んだ野菜のおいしさを味わうとき、ポトフーならではの魅力を感じます。

堅い肉をどうやっておいしく食べようか、身近な野菜をどう料理に生かそうか……フランスがけっして物質的に豊かではなかった時代に日々の暮らしのなかで生まれ、受け継がれてきた料理です。鍋に肉と野菜をごろごろ入れて、ただゆっくりじんわり煮ていきます。煮出されたスープは滋養に富み、肉も野菜も柔らかく食べやすくなります。古くから庶民に親しまれてきた料理ですから、そのときどきの事情によって多彩なポトフーが作られてきたはずです。肉は牛肉でも鶏肉でも豚肉でもよいし、野菜もそのとき手近にあるものでよいでしょう。

肉と野菜の滋味あふれるフレンチ煮込みの原点
牛肉のポトフー
Pot-au-feu
[ポトフー]

作り方　P.62～63参照

このシンプルで簡単な料理で、ぼくが唯一こだわっているのが、スープは澄まして仕上げたいということです。澄ますポイントはまず火加減で、ぼこぼこ煮立ててしまうと濁ってしまいます。表面がゆらゆら揺れる程度の火加減を維持するようにしてください。それから、いっしょに煮込むと濁ってしまう素材は、使わないか、別ゆでにしてから最後に加えることです。かぶがなければカリフラワーでもキャベツでも代用できますが、それは煮てもスープを濁らせない野菜だからです。じゃがいもやかぼちゃなど、煮て濁りのもとになる素材は別ゆでしてから加えるようにします。

■材料 (4〜6人分)

牛もも肉か牛すね肉 (かたまり)
  ……1.5kg

A 玉ねぎ……1個
   にんじん……細め2本
   セロリ (茎)……70g
   ポロねぎ……100g (10cmくらい)

かぶ……3個 (300g)

じゃがいも……小2個 (250g)

さやいんげん……1パック

クローブ……6本

塩、水……各適量

肉の下味用

B 塩……45g (肉の重さの3%)
   グラニュー糖
    ……23g (肉の重さの1.5g)
   黒こしょう
    ……4.5g (肉の重さの0.3%)

食卓用

塩……適量

コルニション……適量

ヴィネグレット・ムータルド (作り方はP.63)……適量

●代用いろいろ
かぶと同様の使い方で→カリフラワー、キャベツ。
さやいんげんと同様の使い方で→絹さや、モロッコいんげん。

●鍋　煮込み用に直径22cmぐらいの厚手鍋 (圧力鍋は不適)。じゃがいもをゆでるための小鍋。

●煮込み時間　約2時間

下ごしらえ

1 牛肉にBの調味料をまぶし、ころがしたりもんだりしてよくなじませる。2cm間隔にたこ糸でしばり、バットにのせ、冷蔵庫で一晩おく。

2 玉ねぎにクローブを刺す。にんじんは皮をむく。セロリは筋をとる。かぶは上下を切る。さやいんげんはへたを切り落とす。じゃがいもは洗う。

煮る

3 一晩おいた肉をさっと水で洗う。湯を沸かし (ぼこぼこ煮立っていない状態)、肉を入れる。火加減は、写真のように表面だけがゆらゆら揺れる状態にする。これは澄んだスープにするために大切なことで、けっして泡がぼこぼこと沸き立つようではだめ。ふたはしない。

4 あくが出てきたら、ある程度あくがまとまるまで待ってから取り除く。この段階のあくを神経質にとる必要はなく、ガバッと汁ごととっていい。また鍋につきっきりでとり続ける必要もなく、たまにとればよい。

5 煮ていくうちに水が減る。肉が煮汁から顔を出したら、ときどき水をたす。

6 肉を煮る間に、別鍋でじゃがいもを水から弱火でゆでる。ゆだったら皮をむいておく。

7 肉に竹串を刺してキュッキュッとやっと入る程度に煮えたら、Aの野菜を加える。ここからは水をたさずに煮る。野菜が浮いて顔を出すようなら落しぶたをする。30分くらいしたらかぶを加え、すべての野菜に竹串がすっと通るまで柔らかく煮る（約15分）。鍋の中はむやみに混ぜない。

仕上げ

8 肉に竹串がすっと通る柔らかさになったら、さやいんげんと別ゆでしたじゃがいもを加え、温まればでき上がり。肉と野菜は盛りつけるときに、人数に合わせて大きく切り分ける。

Garnitures
食卓調味料と薬味も用意しましょう

ポトフーの食卓には、たいてい塩、マスタード、コルニションを用意します。普通のポトフーは煮込み中には塩味をつけず、各自がテーブルの塩で味つけするためです。ただ、ぼくのレシピでは煮上げた段階で肉からほどよい塩味が出ているので、なくてもかまいません。マスタードはそのまま添えても、ソース（ヴィネグレット・ムータルド）にして使ってもよいでしょう。ぼくはこれをたっぷりつけて食べるのが好きです。

ヴィネグレット・ムータルド

マスタードそのままよりも軽やかで、酸味のさわやかなソースです。残った肉をほぐしてこれでさっとあえてもおいしいですし、アンディーブのサラダのドレッシングにもおすすめ。

■**材料**
A ┌ マスタード……60㎖
  └ 塩……小さじ1/3
オリーブ油……50㎖
黒こしょう……2つまみ

ボウルにAを入れ、泡立て器で混ぜて塩を溶かす。黒こしょうを加え、さらに手早く混ぜながら、オリーブ油を細くたらしながら加えてのばす。

コルニション

小さなきゅうりの酢漬けで、薬味的な存在として欠かせません。この鋭角的な酸味があってこそ、ポトフーの味が引き締まって最後までおいしく食べられます。

塩

各自で味をととのえられるように一応は用意しますが、なくてもかまいません。この塩はスパイスをブレンドしたもの。

牛肉のポトフーで小さなコースを

牛肉のポトフーはその内容からして、一品料理としてとても充実しています。あえてサイドディッシュはいりませんが、もし添えるなら、ほんのおつまみ程度のものがよいでしょう。

a グジェール

■材料(大きめ12個分)
A ┌ 薄力粉……20g
　└ 強力粉……20g
B ┌ 牛乳……35㎖ g
　│ 水……35㎖
　│ バター……28g
　│ グラニュー糖……2g
　└ 塩……ひとつまみ
全卵(溶いたもの)……60g
グリュイエールチーズ……適量

● 焼く前には、あらかじめオーブンを180℃に温めておく。

1　Aの粉を合わせてふるう。

2　鍋にBをすべて入れて中火にかける。煮立ったらAの粉を一度に加えて木べらで手早く練り混ぜる。

3　練り続けて、粉がひとまとまりになり、鍋底に薄い膜がはりつくようになったらボウルに移す。

4　すぐに溶き卵を少しずつ加えて手早く力強く練り合わせていく。生地を木べらですくったときに、くっついて落ちにくく、ゆっくり流れ落ちる状態になればよい。絞り袋に直径約1㎝くらいの口金をつけ、生地を入れる。

5　天板にオーブンシートを敷き、直径3.5㎝に絞り出す。水でぬらしたスプーンで、生地の上を軽く平らにする。

6　絞った生地の上にグリュイエールチーズをすりおろしてたっぷりのせる。

7　180℃のオーブンで10分ほど焼く。生地の割れ目の中にも焼き色がついていればでき上がり。出して冷ます。

b オリーブの実のマリネ

■材料
オリーブの実(瓶詰)100g　ケイパーの実(瓶詰。なくてもよい)30g　オリーブ油適量　乾燥ハーブ(ローリエ、タイム、マジョラム、ローズマリーなど)少量

1　オリーブとケイパーの実を水洗いし、たっぷりの水に浸して一晩おく。

2　実の水気をきって鍋に入れ、オリーブ油をかぶるぐらいに注ぐ。乾燥のハーブを加え、70℃まで温めて、5分くらい煮る。油に漬けたまま冷まし、容器に入れて冷蔵庫で保存する。半年は保存可能。

c フロマージュ・ブラン

塩とシブレット(チャイブ)のみじん切りをふって、食前や食事の最後に。フランスでは、甘くして食べるのは朝食用ですが、日本ではデザート的に甘くしてもわるくありません。ここではメープルシロップをかけました。

滋養のあるおいしいスープを
翌日も楽しむ3つのアイデア

リメイク1　冷麺風に
冷製スープパスタ
Bœuf à la mode en spaghetti froid
[ブッフ・ア・ラ・モード・アン・スパゲッティ・フロワ]

肉や野菜のエキスが出たおいしいスープは、冷たくしても味わい深いものです。好みの麺でどうぞ。

■材料（1人分）
ポトフーのスープ150mℓ　ポトフーの肉や野菜適量　細めのパスタ25g　A[塩2つまみ　にんにくオイル小さじ1と1/2　タバスコ3ふり　黒こしょう少量]　マスタード適量

1　ポトフーのスープは冷たくしておく。肉と野菜は食べやすく適宜カットする。

2　パスタを塩分1.4%の湯で柔らかめにゆで、水にとって冷ます。よく水気をきってボウルに移し、Aをからめる。器に盛り、1の冷たいスープを注ぎ、肉、野菜をのせてマスタードを添える。

リメイク2　卵かけご飯風に
滋味おじや
Risotto à l'œuf
[リゾット・ドゥフ]

滋養に満ちたやさしい味がして、ちょっと体調がすぐれないときでも、じんわりと癒されていくようです。

■材料（1人分）
ポトフーのスープ150mℓ　じゃがいも（ポトフーの残り）1/4個　冷やご飯80g　卵1個　塩ひとつまみ

1　じゃがいもを厚さ2mmのいちょう切りにする。

2　小鍋にポトフーのスープを温め、ご飯と1のじゃがいもを入れ、塩を加える。煮立ったら、卵を溶いて鍋に入れ、さっとかき混ぜる。

リメイク3　ミキサーにかけるだけ
いろいろ野菜のポタージュ
Potage-purée de légumes
[ポタージュ・ピュレ・ド・レギューム]

翌日の野菜は味の抜け殻状態。そこで、ポトフーのおいしいスープといっしょにミキサーにかけます。ほっとするやさしい味わいのポタージュに。

■材料（2人分）
ポトフーのスープ160mℓ　ポトフーの残り野菜をいろいろ合わせて計100〜150g　牛乳70mℓ　塩ひとつまみ　シブレット（なくてもよい）適量

1　小鍋にポトフーのスープと残り野菜を入れ、さっと温める。すべてミキサーに移して3分攪拌する。

2　目の細かいこし器を通して鍋に戻し、塩と牛乳を加えてさっと温める。器に注ぎ、シブレットの小口切りを散らす。

きのこ入りで味わい深く

鶏肉のポトフー

Pot-au-feu de poulet aux champignons

[ポトフー・ド・プーレ・オー・シャンピニョン]

ポトフーの野菜は何を使ってもよいというのがぼくの考えです。そこで、ここではきのこ入りを作ってみました。フランス産のきのこがあれば本格的ですが、日本の干ししいたけや生のしめじ、えのきだけなどを組み合わせても立派なポトフーになります。きのこの代わりに豆類を入れれば滋味豊かな味わいになりますし、大根や白菜ならあっさりした仕上がりになります。こんなふうに身近にある野菜を利用して煮るのがポトフーの本来の姿といってよいでしょう。鶏肉は煮すぎないことがポイント。20〜30分で柔らかくなって、これ以上煮ると旨みが抜けてぱさつき、皮がむけてきて見た目がわるくなります。

■材料（4人分）

鶏もも骨つき肉……4本（約800g）
干ししいたけ……8枚
しめじ……1/2パック（100g）
しいたけ（生）……6〜8枚（120g）
マッシュルーム……4〜6個
えのきだけ……1パック（200g）
にんにく……2〜3かけ
A ┌ 塩……10g
　│ グラニュー糖……5g
　└ 黒こしょう……ひとつまみ
水……1.7ℓ
食卓用
マスタード……適量
コルニション（P.120）……適量

●代用いろいろ　きのこ→手に入るものでよい。数種類使ったほうがおいしくなる。ただしエリンギは苦くなり、まいたけはスープが黒くなるので不向き。

●鍋　直径24cmぐらい（鶏もも骨つき肉4本がすっぽり入る大きさ）の厚手鍋

●煮込み時間　約30分

1 鶏肉にAの調味料をふり、よくもみ込む。そのまま30分おく。

2 干ししいたけを水に浸してもどす。

3 しいたけとマッシュルームは軸を切り、石づきを切り落とす。軸はとっておく。しめじ、えのきだけは根元を切り落として小さく切り分ける。

4 鍋に分量の水を注ぎ入れ、しいたけとマッシュルームの軸、干ししいたけとそのもどし汁（45mℓ）、にんにく（薄皮をつけたまま）、1の鶏肉を入れ、中火にかける。煮立ったらあくを取り除く。湯面がゆらゆら揺れて、ときどきぽこっと泡が浮かぶ火加減にして煮る。

5 20分くらいしたら鶏肉に金串を刺して火の通り具合を確認する。抵抗感があっても金串が入るぐらいに火が通っていたら、残りのきのこを一度に加える。10分ほど煮て、きのこに火が通ったら、味をみて塩ひとつまみ（分量外）でととのえる。

食卓用のコルニションを右写真のようにいっしょに盛りつけてもよい。

Chef's comments

干ししいたけのもどし汁も使ったので、少ない材料で、しかも短時間調理なのに、深いスープの味を出すことができました。ぼくはフレンチとして作りましたが、和食や中華の食卓にも合うでしょう。おいしいものに国境はないというお手本のようなポトフーです。

豚肉の塩漬けを使ったクラシックな煮込み

ポテ
Potée
[ポテ]

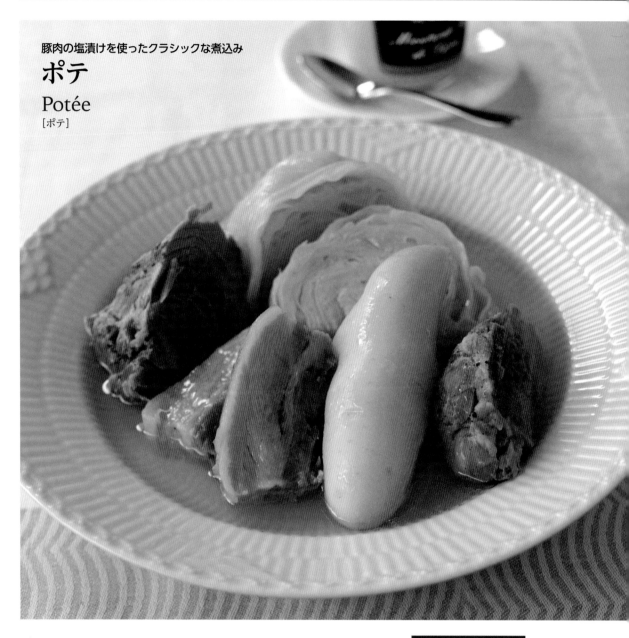

ぼくはいつもいつも、もっとフランスの豚肉料理の本当のおいしさを知っ
てほしいなぁと心の底から願っています。ポテはそんなぼくが大切にして
いる料理のひとつです。料理自体はテクニックとして難しいことは何も
ありません。水から材料を静かに煮ていけば、それだけで本当においしい
スープができ上がり、豚肉はしっとり柔らかく煮上がります。ポイントは
豚肉を塩に漬けて1週間待つことと、けっしてぐらぐら煮立てないことの
2点です。透明なスープにするためにはあくをとりますが、あくが出てきた
ら一気にガバッとすくいとれば、もうそれで大丈夫。鍋につきっきりでちょ
こちょことあくをすくう必要はありません。

Chef's comments

とても素朴な料理です。ライ麦入
りのパンなどを合わせるとぴった
りだと思います。ポテはフランス
各地にありますが、たいていキャ
ベツとじゃがいもが入ります。お
好みの野菜をいろいろ加えても
かまいませんが、この2つだけは
ぜひ入れて作ってみてください。
このキャベツとじゃがいもを入れ
て作るポテはオーヴェルニュ風
といわれるスタイルです。

■材料（4人分）
豚ばら肉の塩漬け（作り方は下記）
　……400g
豚もも肉の塩漬け（作り方は下記）
　……650〜700g
キャベツ……小1個（600g）
じゃがいも……小4個（400g）
水……適量
食卓用
マスタード……適量

● 鍋　直径24cmくらいの厚手鍋

● 煮込み時間　約4時間

1 豚肉の塩漬けを水で洗ってから、流水に30分ほどさらして塩抜きをする。じゃがいもを皮つきのまま水から弱火でゆでて、皮をむいておく。

2 鍋に水を2ℓ入れ、1の肉を入れて中火にかける。煮立ってあくが出てきたら取り除く。湯面がゆらゆら揺れて、ときどき泡がぼこっと出るくらいの火加減（弱火）にして煮る。ふたはしない。水分が蒸発して肉が顔を出したら、適宜水をたしながら煮る。

3 2時間半くらい煮て、肉がほぼ柔らかくなったらキャベツを縦4等分に切って加える。ここからは水が減ってもあまり水をたさない。

4 さらに1時間ほど煮て、肉が完全に柔らかくなったら、ゆでたじゃがいもを加える。温まったらでき上がり。

フランスの伝統的保存食
豚肉の塩漬け
Petit salé
［プティ・サレ］

フランス語名を直訳すると「塩漬けされた小さなもの」。保存を目的に豚肉を塩漬けにしたものです。用いる部位はおもにばら肉ともも肉で、ばら肉の塩漬けはいぶして乾燥させるとベーコンに、もも肉の塩漬けはゆでるとハムになります。豚肉の塩漬けは、豚肉加工品のベースとしても重要な存在。煮込み料理では、この熟成した肉の味と塩気が旨みの素として大きな役割を果たします。余ったらベーコンのように使ってかまいません。

■材料
豚もも肉、豚ばら肉……各500〜800g
A［ 塩……肉の重さの3％
　　グラニュー糖……肉の重さの1.5％
　　黒こしょう……肉の重さの0.3％

塩漬けの基本の割合（重さ）
豚肉100：塩3：グラニュー糖1.5

1 豚肉にAの調味料をまぶしつける。肉が柔らかくなるのを感じるまで、手でころがしてもみ込む（写真a）。

2 1の肉をビニール袋に入れ、中の空気を抜いて閉じ（写真b）、冷蔵庫の氷温室かチルド室で1週間おく。

シュークルート（P.102）に使うときは、上記、ポテの作り方1と同様、塩抜きしてから用いる。

a
b

ブイヤベース

できたての香りのよさは最高です。魚もスープも全部ごちそうですから、いっしょに一皿に盛りつけて、豪快にどうぞ。ルイユというにんにくソースを添えていただくのが南仏スタイル。

プロヴァンスを代表する魚介料理ですが、もともと磯でとれた小魚などをその場で一気に煮上げた漁師の料理です。その醍醐味といったら、魚介のおいしさを豪快にシンプルに楽しむこと。風味は軽くていきいきしています。日本のレストランでは、なぜかそれとはかけ離れた雰囲気の料理になっていますが、家庭でトライするならぜひ本場フランス流に豪快に作って食べて、その本当の魅力を味わってください。マルセイユ風、パリ風などがあり、それぞれ使う魚介へのこだわりがあります。

さらっと軽い、魚介の豪快ごちそう煮込み

ブイヤベース、マルセイユ風
Bouillabaisse marseillaise
[ブイヤベース・マルセイエーズ]

作り方　P.72〜73参照

マルセイユ風とは、本来マルセイユ港で水揚げされる魚介で作られたものにその名がつきますが、ここは日本。手近な魚介でその味に近づけてみました。フランスではラングスティーヌ（アカザエビ）で甲殻類特有の甘みをたしますが、ぼくは代わりにわたりがにを使います。日本のえびは風味が繊細で味がなかなか出ないためです。見た目の華やかさはえびに劣りますが、甘みのあるよいだしが出て、味をぐんと深めてくれます。

■材料（6〜8人分）

魚いろいろ（かさご、きんき、ほうぼう、
　めばる、あなご、きすなど）
　……計2kg（うろこ、わた、えらを
　取り除いたもの。鮮魚店に頼む）
わたりがに（冷凍でもよい）
　……350〜400g
玉ねぎ……300g
フヌイユ（フェンネル。P.123参照）
　……株元の白い部分100g（なければ省く）
ポロねぎ……100g（10cmくらい）
にんにく……2かけ
トマト
　……650g（皮、種を除いて400g）
白ワイン……150ml
オリーブ油……60ml
サフラン……小さじ1と1/2
塩……小さじ2弱
水……適量
食卓用
ルイユ（作り方はP.73）……適量
バゲットのトーストを添えてもよい。

●代用いろいろ　わたりがに→伊勢えび。中型のえびの場合は味が弱いので、重さにしてかにの3〜4倍は必要。貝類を加えてもよい。

●鍋　直径26cm以上のなるべく口径の大きな鍋

●煮込み時間　13〜15分

1 わたりがに全体をブラシなどを使ってきれいに水洗いする。殻をはずし、口につながっているえさ袋と、左右の灰色をした「がに」を取り除く。はさみはつけ根で切り落とす。腹部分を足をつけたまま4つか6つに切り分ける。足は包丁でたたいてひびを入れ、味が出やすいようにする。

2 きす以外の魚をすべてぶつ切りにする。

3 フヌイユは繊維を断ち切るように1〜2mm幅の細切りにする。にんにくは薄切りに、玉ねぎは1cm幅のくし形に切る。ポロねぎは縦半分にしてから1〜2mm幅の細切りにする。水で浸し洗いをして土汚れを落とし、ざるに上げておく。トマトは皮を湯むきして（P.122参照）、横半分に切って種を取り除く。

ブイヤベース向きの魚介をそろえる

ゼラチン質の多い、味の出る魚を4種くらい取り合わせるとおいしくなります。材料表のとおりにそろえる必要はありませんが、かさごはよい味が出るので必ず加えます。あなごも手に入るならぜひとも使ってほしい素材です。あとは、きんき、ほうぼう、めばる、きす、きんめ、かれいなどから選ぶとよいでしょう。買うときには鮮魚店で、うろこ、えら、わたを取り除いてもらってください。

4 鍋にオリーブ油を温め、玉ねぎ、フヌイユ、ポロねぎ、にんにくを加えて炒める。

7 魚介に完全に火が入ったら、トマトをにぎりつぶしながら加える。3〜4分ほど煮ればでき上がり。味をみて、旨みがたりないようならあと数分煮る。

ぼくが使う魚介はすべて食べるためのもので、だし用と食べる用に分けて使うことはしません。そのため鍋ごと豪快に食卓に出してもOK。サフランは贅沢に使ったほうが、やはり香り高く、断然おいしくなります。

5 玉ねぎに透明感が出てきたら白ワイン、サフランを入れ、きす以外の魚介をすべて加える。ちょうどひたひたになる量の水（1.5〜2ℓくらい）を加え、火加減を全開の強火にして煮る。途中あくがとれれば取り除くが、無理にとることはない。

Condiments
ルイユ ［rouille］
ブイヤベース用のにんにく入りマヨネーズソース

にんにくはプロヴァンスのヴァニラともいわれ、南仏料理のフレーバーとして重要な存在。ルイユは、にんにくの風味と唐辛子の辛みをきかせたプロヴァンス地方のソースで、ブイヤベースといえばこれが欠かせません。ボイルした魚介のソースにも使います。

■材料
A ┌ 卵黄……1個
　│ にんにく（すりおろす）……小さじ1強
　│ サフラン……2つまみ
　│ カイエンヌペッパー……2つまみ
　└ 黒こしょう……2つまみ
塩……小さじ1/2
オリーブ油……50㎖

1 サフランを電子レンジにかけて（500Wで2分）乾燥させ、スプーンの背でつぶして粉末にする（写真a）。

2 ボウルに材料Aを入れてゴムべらで混ぜ合わせる。

3 さらに混ぜながら、オリーブ油を細くたらしながら加えていく。大さじ1ほど加えたところで塩を加える。残りのオリーブ油を、同様に細くたらしながら混ぜ合わせる（写真b）。

使うときに表面が堅くなっていたら、水少量を加えてゆるめる。

6 5分ほどして魚介にだいたい火が通ったら、塩で味をととのえ、きすを加えて数分煮る。きすは煮くずれやすいので、やっと煮立つくらいに火を弱める。

a　　　　　　　　b

ブイヤベース、マルセイユ風で小さなコースを

a

b

Plus

ジャーマンオムレツ

さやいんげんと
玉ねぎのサラダ

ブイヤベースは一気に煮て仕上げる豪快な料理なので、サイドディッシュは、あらかじめ作っておけるメニューが向いています。基本的にはブイヤベースにはない味わいをプラスするように考えて、ここでは2品作って、小さなコースにしてみました。ワインはお好みのものでかまいませんが、ロゼや軽い白、またペルノーなどアニス系リカーの水割りが南仏気分を盛り上げるにはよいかもしれません。

a ジャーマンオムレツ

■材料 (4人分)

じゃがいも……小3個 (300g)
ベーコン (または牛ひき肉)……80g
バター……30g
卵……2個
塩……小さじ1/2

1 じゃがいもを細切りにする。ベーコンは3mm幅に切る。

2 フライパンにバターを溶かし、ベーコンを炒める。ベーコンから脂が出てきたらじゃがいもを加え、塩 (牛ひき肉の場合は小さじ2/3) をふって炒める。

3 じゃがいもが炒め上がったら、卵を溶いてまわしかけ、フライ返しで全体を丸く整えながら焼く。下のほうの卵に火が通ったら、ひっくり返して両面をこんがり焼く。

b さやいんげんと
玉ねぎのサラダ

■材料

さやいんげん……200g
玉ねぎ……40g
塩、ディル……各適量
ソース・ヴィネグレット
 (作り方はP.125)……適量

1 さやいんげんを塩分2%の湯で歯ごたえを残す程度にゆでる (3分ほど)。玉ねぎは繊維に垂直に細切りにし、5分ほど冷水にさらす。

2 皿に1を水気をきって盛り、ディルを散らし、ソース・ヴィネグレットをまわしかける。

残ったブイヤベースには魚介のエッセンスがたっぷり。
まずはスープ・ド・ポワソンに

リメイク1　贅沢スープに
魚介のスープ
Soupe de poisson
[スープ・ド・ポワソン]

これはブイヤベースのおいしさを凝縮させたスープといっても大げさではありません。もし少しでもブイヤベースの魚介と煮汁が残ったら、ぜひこのスープを作ってください。すばらしい海の幸の味です。

■材料（あるだけ作るとよい）
ブイヤベースの残った煮汁と魚介（あらも使う）……適量

材料をシノワ（P.10参照）に入れ、麺棒でつぶしながらこす。シノワがなければ、まず煮汁をこし器でこしてから、魚介の身とあらをボウルの中で麺棒などでこなごなにたたきつぶす。魚介のおいしい汁がにじみ出てくる。これをこし器に入れ、おいしいエキスを残さず絞りとるようにこし出し、先の煮汁と合わせてでき上がり。バゲットのトーストを添えて。

リメイク2　雑炊風に
魚介スープのリゾット
Risotto à la soupe de poisson
[リゾット・ア・ラ・スープ・ド・ポワソン]

上で作ったとびきりおいしいスープがあれば、さっと冷やご飯を入れて煮るだけでも、極上の味わいです。

■材料（1人分）
魚介のスープ（上記のもの）……200㎖
冷やご飯……茶碗半分
グリュイエールチーズ……10g
あればブイヤベースのかになど……適量

小鍋にスープとご飯を入れてさっと煮る。ご飯がほぐれたらグリュイエールチーズをふって火を止める。器に盛りつけ、かにの足などをのせる。

リメイク3　スープパスタに
魚介スープの煮込みパスタ
Spaghetti à la soupe de poisson
[スパゲッティ・ア・ラ・スープ・ド・ポワソン]

上の魚介のスープでパスタを煮込む贅沢な一品。目の覚めるようなおいしさに驚かれるはずです。

■材料（1人分）
魚介のスープ（上記のもの）……400㎖
好みのパスタ（ここではリングイネ）……50g
パセリ（みじん切り）……少量
パルミジャーノチーズ……少量
水……200㎖

鍋にスープと分量の水を入れて煮立て、パスタを加えて10分ほどかけて（パスタの種類による）柔らかめに煮る。器に煮汁ごと盛りつけ、パセリとパルミジャーノチーズをふる。

カレー
Curry
[キュリー]

谷オリジナルのスパイスミックスのガラムマサラは、とりこになりそうなよい香り。特色はフェヌグリークというスパイスが入っていること。カラメル香があります。

カレーはいくつものスパイスをブレンドして作る、香りのよさと辛さが魅力的な世界に名だたる煮込み料理の逸品です。フランスでは辛いものがあまり好まれないので一般的ではありませんが、スパイス由来のよい香りだけはカレー風味として料理に用いられます。ここではインドのカレーとタイのカレーに、フレンチのテクニックとセンスを盛り込んで、ぼく流に作ってみました。玉ねぎの使い方、スパイスの合わせ方、ワイン使いなどに、フレンチとしてのこだわりを出しました。ただ、ぼくは辛さに強いので、辛さはしっかり日本人向けに強調してあります。

谷オリジナルのガラムマサラを使って

インド風チキンカレー
Curry de poulet à l'indienne
［キュリー・ド・ブーレ・ア・ランディエンヌ］

びりびりするぐらいに辛いカレーが食べたいとき、ぼくが店のまかないで作っているカレーです。ガラムマサラ（カレー粉）は何冊もの本を見て、自分なりに研究してブレンドしました。店の料理にも使いたいので辛みは入れず、辛さは料理するたびに、別に唐辛子を炒めて補っています。また、カレーでは玉ねぎの旨みが重要です。玉ねぎを、茶色くへたへたになるまで炒めると、こくのある濃厚な甘みと旨みが出てきます。時間はかかりますが、玉ねぎを炒めてしまえばカレー作りの半分は終わったようなものです。インドでは鶏肉を生のまま煮始めるようですが、ぼくはフレンチ風に先にカリッと焼いてから煮込みます。やっぱりこのほうが断然好きなんです。

作り方　P.78〜79 参照

■材料（4人分）

鶏もも骨つき肉……4本（800g）
玉ねぎ……2と1/2個（500g）
にんにく……2かけ
しょうが……15g
赤唐辛子……3〜5本
ガラムマサラ（作り方は下記）
　……大さじ3
ターメリック……小さじ1と1/2
バター（またはギー）……50g
サラダ油……大さじ1
強力粉……小さじ1
黒こしょう……少量
塩、水……各適量

●代用いろいろ　ガラムマサラ→市販の
カレー粉（カレールーではない）でもよい。
その場合は唐辛子とターメリックは使わ
ない。

●鶏もも骨つき肉　購入時に、1本を3
つにぶつ切りにしてもらうと下ごしらえ
がらく。

●鍋　直径22cmぐらいの厚手鍋

●玉ねぎの炒め時間　約50分

●煮込み時間　約20分

│谷オリジナル
│ガラムマサラの作り方

ガラムマサラとは、インド料理で使わ
れるミックススパイスのこと。ぼくの
レシピでは、コリアンダー12g、フェ
ヌグリーク10g、クミン4g、シナモン
4g、カルダモン2g、クローブ2g、メー
ス1g（以上すべてホール）を全部合
わせ、ミキサーで粉末にします。唐辛
子を加えていないので辛みはなし。

ベース作り

1 玉ねぎを繊維にそってごく薄切り
にする。にんにくとしょうがも薄切
りにする。赤唐辛子は水に浸して柔ら
かくしてから縦に切り、種を取り除く。

2 鍋にバターと赤唐辛子を入れて
炒める。香りが出てきたら、玉ね
ぎ、にんにく、しょうがを加え、木べら
で混ぜながら弱火で炒める。50分ほ
どかけて、玉ねぎが写真のように茶色
く、くたくたの状態になれば炒め上がり。
もし途中で水分がとんで玉ねぎを炒め
続けられないときは、適宜水をたしな
がら炒める。

下味つけ

3 玉ねぎを炒めながら、鶏肉の準備
をする。鶏もも肉をぶつ切りにし、
塩小さじ1をふり、手でよくもみ込む。
バットに移してそのまま30分おく。

4 玉ねぎが炒まったらガラムマサラ、
ターメリック、強力粉を加えて全
体に混ぜながら炒める。強力粉に火が
通ると粘りが鍋底につくようになる。こ
うなったら水1ℓと塩ひとつまみを加
え、弱火にかける。

肉を焼く

5 フライパンにサラダ油を温め、中火で **3** の鶏肉をよく焼く。写真のように表面がカリッとしてこんがりと焼き色がつけばよい。途中、鶏の脂が出てきたら捨てる。

6 **4** が煮立ってきたら **5** の鶏肉を加え、弱火で煮る。途中で味みをして、薄いようなら塩ひとつまみを加える。20分ほど煮て鶏肉が柔らかくなったら、黒こしょうをふって味をととのえる。

Chef's comments

汗をかきかき
白いご飯と食べるのがいちばん

ぼくは辛いカレーを汗をかきながらフーフー言って食べるのが好きです。とくに暑いときのカレーは、汗がたくさん出てきて、とても爽快な気分です。このカレーは、やはりライスカレースタイルで白いご飯にかけるのがおいしいと思います。野菜がほとんど入っていないので、グリーンサラダなどで野菜を添えてもいいでしょう。そして、かたわらにはインドのヨーグルトドリンク「ラッシ」を用意してください。冷たく甘酸っぱいヨーグルトは、ひりひりする舌のほてりを鎮めてくれます。

マンゴーラッシ
Crème de yaourt à la mangue
[クレーム・ド・ヤウール・ア・ラ・マング]

ちょうど手もとに熟れたマンゴーがあったので使ってみました。もちろんヨーグルトだけのプレーンタイプでもカレーには相性抜群です。

■材料(4人分)
ヨーグルト(無糖)……200g
牛乳(または水)……200㎖
マンゴー……大1個
グラニュー糖……大さじ2

1 マンゴーは皮をむいて果肉をカットして裏ごしする。

2 ボウルにヨーグルトとグラニュー糖を入れて泡立器でむらなく混ぜ、牛乳を加えてなめらかに溶きのばす。

3 **1** のマンゴーを加えて混ぜ合わせ、冷蔵庫で冷やす。

フレンチのエスプリが香るエスニック

タイ風グリーンカレー

Curry à la thaïlandaise

[キュリー・ア・ラ・タイランデーズ]

タイ風カレーが個人的に好きで、ぼくのスペシャリテのなかでもソースに応用しています。ここで紹介するのは、あくまでもぼく流のもので、本場のタイカレーとは違います。ベースの味作りがフランス料理的で、砂糖を使わずに玉ねぎで甘みを加えたり、油脂にバターを使ったり、白ワインの風味を加えたりしています。タイ独特の風味は市販のグリーンカレーペーストに頼るところがありますが、フレンチっぽくするなら、量を減らして、辛みを抑えるとよいでしょう。

Chef's comments

白いご飯に加えて、バターの香りのするふんわりオムレツを添えると、見た目にもフレンチらしさを感じてもらえるかもしれません。タイカレーの煮汁は魚料理のソースとしても充分に応用できるおいしさがあります。野菜を取り出してスープを煮つめ、焼いた白身魚などにかけると、趣向の変わったフランス料理に。

■材料(4人分)

無頭えび(冷凍ブラックタイガー
　　または大正えび)……8尾(100g)
なす……2個(200g)
玉ねぎ……1/2個(140g)
緑ピーマン……1個(50g)
赤ピーマン……大1/2〜2/3個(80g)
レモングラス……10cm
こぶみかんの葉……10枚
オレンジ……1/2個
グリーンカレーペースト
　　……50g(1パック)
カレー粉……小さじ1
白ワイン……75ml
ココナッツミルクパウダー
　　……50g(300mlの水で溶いておく)
バター……30g
鶏がらスープの素(顆粒)
　　……小さじ1
オイスターソースまたはナムプラー
　　……小さじ1/2〜1
塩、水……各適量
つけ合わせのオムレツ
　┌卵……2個
　│バター……小さじ1強
　│牛乳……小さじ1
　└塩……ひとつまみ
ご飯……適量

●代用いろいろ
えび→ソテーした鶏肉でもよい。
なす、ピーマン→たけのこの細切りなど。
ココナッツミルクパウダー→缶詰のココ
ナッツミルクでもよい。

●鍋　直径22cmくらいの鍋

●煮込み時間　野菜を加えてから約5
分

1 玉ねぎはくし形に切る。緑、赤ピーマンは細切りにする。なすは皮を縞目にむき、縦に8つに切る。えびは殻をむき、背に深く切り目を入れて背わたをとる。

2 鍋にバターを熱し、溶け始めたらカレーペーストとカレー粉を加えてさっと混ぜ合わせる。

3 ふつふつと煮立ってきたら、白ワイン、ココナッツミルクパウダーを溶いたものを注ぐ。

4 なす、玉ねぎ、レモングラス、こぶみかんの葉、鶏がらスープの素、水400mlを加えて中火で煮る。なすにほぼ火が通ったら、味をみて、必要なら塩少量を加える。オレンジの果汁をこし器を通して絞り入れる。

5 オイスターソースまたはナムプラーを加えて味をととのえる。えび、ピーマンを加え、ひと煮立ちしたらでき上がり。

6 つけ合わせ用のオムレツを作る。卵を溶き、塩、牛乳を加え、バターを熱したフライパンで木の葉形に焼く。器にご飯、カレーを盛りつけ、オムレツをのせる。

白いご飯を別皿に盛り、各自でカレーをかけながら食べるのもよいでしょう。かける量で辛さの調整もできます。

シチューを引き立てるつけ合わせ

味や色、歯ごたえ、旬の香りなど、いろいろ取り合わせを考えて、
このなかから1品でも3品でもどうぞ。どれもシチューを引き立ててくれる野菜料理です。

じゃがいものピュレ
Pommes de terre mousseline
[ポム・ド・テール・ムスリーヌ]

肉料理のつけ合わせにぴったり。生クリームとバターをたっぷり加えるので、なめらかでとてもクリーミーです。

■材料（3人分）
じゃがいも（メイクイーン）小2個
(170g)

1 じゃがいもを皮つきのまま水に入れ、弱火でゆっくりゆでる。ゆで上がったら熱いうちに皮をむき、適当な大きさに切って裏ごしする。

2 鍋に生クリーム、バター、塩を入れ、中火にかける。バターが溶けたら1のじゃがいもを一度に加える。

3 中火のまま木べらでよく練り合わせる。なめらかになり、粘りが出てきたらでき上がり。

● 裏ごし器は目の細かいものを使う。和食用の平らな裏ごし器を使うと手早くできる。

にんじんのグラッセ
Carottes glacées
[キャロット・グラッセ]

にんじんは上の太い部分と下の細いところでは微妙に味が違い、これはほかの野菜でもいえることです。そこで部位によって違ういろいろな味、それらをトータルに味わう全体感を楽しんでもらうために、ぼくはまるごと縦割りにして使います。

■材料（4人分）
にんじん小6本　バター50g　塩小さじ1/2　水適量

1 にんじんは皮を薄くむき、縦4つに切る（太いにんじんなら縦6つに切る）。

2 鍋ににんじんを入れ、ひたひたになるぐらい水を注ぎ、バター、塩を加えて弱火で煮る。にんじんが柔らかくなる前に水がたりなくなったら途中で水を加える。

3 にんじんが柔らかくなったら火を少し強めて、水気をとばしていく。最後は鍋をゆすりながらにんじんにバターをからめ、つやよく仕上げる。

カリフラワーのピクルス
Pickles de chou-fleur
[ピクルス・ド・シューフルール]

生のカリフラワーのこりこりした歯ざわりが心地よいフランス風の即席漬け。濃厚な煮込み料理にこれをつけると、口がさっぱりして、おいしいものです。

■材料（4人分）
カリフラワー（軸を取り除いたもの）
1株　A[水500ml　白ワイン60ml
レモン汁1/2個分　塩小さじ1/3]
オリーブ油大さじ1

1 カリフラワーは軸を取り除き、花の部分だけにする。

2 鍋にAの材料をすべて入れ、火にかける。ひと煮立ちすればよい。

3 保存容器にカリフラワーを入れ、あつあつの2を注ぎ、オリーブ油を加える。粗熱がとれたら冷蔵庫に入れる。

● 1日ぐらいおいて味のなじんだところで食べる。冷蔵庫で1週間ぐらい保存可。

小玉ねぎのグラッセ
Petits oignons glacés
[プティ・ゾニョン・グラッセ]

つややかに仕上げるには最後がポイント。玉ねぎに火が充分に通ってから、鍋に残ったバターを表面にからめます。

■材料(4人分)
小玉ねぎ15個(270g)
バター20g　塩ひとつまみ

1 小玉ねぎは薄皮をむき、根を切り落とす。

2 フライパンにバターを熱し、溶け始めたら玉ねぎを入れる。強火でころがしながら炒める。

3 バターが焦げてきたら、水200㎖(分量外)を加え、強火にして煮立てる。煮立ったらあくを取り除く。

4 塩を加え、柔らかくなるまで中火で煮る。根の部分から縦に竹串を刺してみて、すっと入るようならフライパンをゆすりながら水分をとばしていく。最後に残ったバターを玉ねぎの表面にからめきったらでき上がり。

ほうれん草の焦がしバターソテー
Feuilles d'épinards sautées au beurre noisette
[フイユ・デピナール・ソーテ・オー・ブール・ノワゼット]

ほうれん草は、大きめのフライパンでさっと炒めて仕上げます。もしフライパンが小さいようなら、2回に分けて炒めて、できるだけ手早く加熱するようにします。

■材料(4人分)
ほうれん草1束(225g)
バター15g　塩ひとつまみ

1 ほうれん草は水洗いして、1本ずつ軸と太い葉脈を取り除き、葉だけにする。

2 フライパンにバターを入れ、絶えずフライパンをゆすりながら熱していく。バターのぶくぶくした泡立ちが消え、香ばしいよい香りが出てきたら焦がしバターのでき上がり。すぐに1のほうれん草と塩を加え、全体を手早く大きく混ぜ合わせる。

3 まだ葉に少し生っぽい部分が残っている状態でざるに移す。少しすると余分な水分とあくが落ちる。

とうもろこしのバターソテー
Grains de maïs au beurre
[グラン・ド・マイス・オー・ブール]

甘みのあるとうもろこしは、肉料理によく合うつけ合わせ。きれいな黄色が食卓をぱっと華やかにしてくれます。

■材料(4人分)
とうもろこし(冷凍)250g　玉ねぎ40g
ベーコン40g　バター20g　塩ひとつまみ

1 玉ねぎを薄切りに、ベーコンは2mm幅の細切りにする。

2 フライパンにバターを熱し、溶け始めたら、玉ねぎとベーコンを加えて色づけないように炒める。

3 玉ねぎがしんなりしてきたら、とうもろこしを凍ったまま一度に入れ、塩をふってからめる。

4 水気が出てきたら強火にして温度を上げ、ぼこぼこ煮立つ状態になったら中火に戻してふたをして煮る。

5 とうもろこしが芯まで温まったら火を止め、ふたをしたまま10分蒸らす。

かぼちゃのソテー
Potiron sauté
［ポティロン・ソーテ］

ほっくりとしたかぼちゃの食感を生かすにはバターで焼くのがいちばんです。焦げやすいので弱火でじんわり焼くようにしてください。かぼちゃらしい大きさと形を生かして、ぼくは大ぶりに縦にカットします。

■材料（4人分）
かぼちゃ（小）1/4 個
バター 30g　塩ひとつまみ

1　かぼちゃの皮をむき、種をとる。1/4 個を 4〜6 つのくし形に切る。

2　フライパンにバターを熱し、溶けかけたところでかぼちゃを入れ、弱火で両面をゆっくり焼く。

3　全体にきれいな焼き色がついたら塩をふる。ほどよい焼き色がついているのに芯まで火が通っていないようなら、電子レンジに移して加熱する（500W で 1 分程度）。

バターライス
Riz au beurre
［リ・オー・ブール］

フランスでは、お米は野菜のひとつとしてとらえられています。ここでも主食ではなく、料理のつけ合わせとして、バター風味豊かに作っています。

■材料（4人分）
米 280g　バター 100g　塩 小さじ 1/2　水 470 ㎖（米の 1.5 倍量）
マティニョン（作り方 P.124。なくてもよい）適量

1　大きめのフライパンを熱してバターを入れる。溶け始めたら米を洗わずに加えて炒め、バターを全体になじませる。バターがぶくぶくと泡立ってきたら火から下ろす。

2　水を 1 に加えてさっと混ぜ、炊飯器に移して普通に炊く。

3　米が炊けたら、塩をふり入れ、全体をざっくりと混ぜ合わせる。好みでマティニョンを適量混ぜ合わせるとより風味が増す。
（P.44 ではマティニョンなしのバターライスを献立に加えています）

レンズ豆のブレゼ
Lentilles braisées
［ランティーユ・ブレゼ］

レンズ豆は、水に浸してもどさなくてもすぐに煮える小粒の豆です。皮なしもありますが、煮くずれしやすいので、皮つきを使ってください。

■材料（4人分）
レンズ豆 80g　玉ねぎ 20g　ベーコン 20g　バター 10g　塩適量
A［赤ワイン 60 ㎖　クレーム・ド・カシス小さじ 1　ブイヨンキューブ 1/2 個］

1　たっぷりの水にレンズ豆を入れ、塩少量を加えて煮る。煮立ったら弱火にして 25 分ぐらい煮る。

2　豆が柔らかくなったらざるに上げて水気を軽くきる。

3　玉ねぎは薄切りに、ベーコンは 1mm 幅の細切りにする。鍋にバターを熱し、ベーコンと玉ねぎを炒める。

4　A を 3 の鍋に加えて混ぜ合わせる。ブイヨンキューブが溶けたら 2 の豆を入れ、塩ひとつまみを加え、汁気がなくなるまで煮る。

きのこのバターソテー
Champignons sautés
[シャンピニョン・ソーテ]

きのこの種類が多ければ多いほどおいしくなります。あれば、あわびたけ、えのきだけなどを加えてもよいでしょう。まいたけはでき上がりが黒ずむので、あまりおすすめしません。

■材料（4人分）
しいたけ 6〜7枚　エリンギ 1 パック　しめじ 1 パック　バター 30g　塩小さじ 2/3

1 しいたけは軸を取り除き、笠を十文字に 4 つに切り分ける。エリンギは小さめの乱切り、しめじは石づきを取り除き、小房に分ける。

2 フライパンにバターを入れ、ゆすりながら熱していく。初めの泡立ちが消えてうっすら色がついてくればよい。

3 きのこと塩を一度に加え、全体がしんなりとして色づくまで炒める。

● フッ素樹脂加工以外のフライパンでは、きのこがはりつきやすいので、きのことともに少量の水を加える。

グリーンピースの バター煮
Petit pois à la parisienne
[プティ・ポワ・ア・ラ・パリジェンヌ]

グリーンピースにベーコンや玉ねぎを加えて旨みを添えます。水分を含ませるときにはふたをして、豆をふんわり柔らかく蒸し炒めにします。

■材料（4人分）
グリーンピース（冷凍）250g　玉ねぎ 40g　ベーコン 40g　バター 20g　塩ひとつまみ

1 玉ねぎは薄切りに、ベーコンは 1mm幅の細切りにする。

2 フライパンにバターを熱し、溶け始めたところで玉ねぎとベーコンを加えて色づけないように炒める。

3 玉ねぎがしんなりしたら、グリーンピースを凍ったまま一度に入れ、塩を加えてざっと混ぜ合わせる。

4 水分が出てきたら一度強火にし、ぼこぼこ煮立ってきたら中火にしてふたをして蒸し煮にする。

5 全体が温まったら火を止め、ふたをしたままさらに 10 分ほど蒸らす。

野菜の軽い蒸し煮 ギリシャ風
Légumes à la grecque
[レギューム・ア・ラ・グレック]

甘酸っぱくて歯ごたえがよく、料理のアクセントにはぴったりです。冷蔵庫に入れておけば 1 週間以上保存できます。

■材料（8人分）
玉ねぎ小 2 個　にんじん 1 本　セロリ 1 本　カリフラワー 1 個　赤ピーマン 1 個　ピュアオリーブ油 50ml　A［白ワイン 400ml　はちみつ大さじ 1　コリアンダーシード 30 粒　アスコルビン酸の原末（P.120参照）1g　塩小さじ 2/3］

1 玉ねぎはくし形、にんじんは乱切り、セロリは厚さ 3mmの斜め切りにする。カリフラワーは小房に分け、ピーマンは小さめの乱切りにする。材料Aを混ぜ合わせておく。

2 鍋にオリーブ油を入れ、ピーマンを除く野菜をすべて加え、焦がさないように強火でさっと炒める。火が通らないうちにAを加える。

3 ひと煮立ちしたらピーマンを加え、火を止め、ふたをしたまま冷ます。

3

シェフこだわりの
煮込みアラカルト

フランス各地にはそれぞれ郷土の煮込み料理がいろいろあります。ぼくは
残念ながらフランス中央部だけ、まだ行けてはいませんが、東西南北
ほぼぐるりとフランス外縁部のエリアをめぐり、地元の人がビストロで
食べているような料理を片端から食べました。当時、パリこそが一番！と
思って修業していたぼくには、本当にカルチャーショックでした。
しかし、それが長じて自分のベースの一部になったように思い返しています。
またフランスでは自国がオリジナルではない、外国から来た煮込み料理も多く、
国民食的に浸透しているのもおもしろいです。クスクスなどがその代表格で、
日本で独特のカレーが発展したような状況に近いかもしれませんね。
この章では、地方色のある煮込み料理や他国発祥のレシピを中心にご紹介します。

楽しみ方いろいろ、夏野菜の煮込みニース風
ラタトゥイユ
Ratatouille niçoise
［ラタトゥイユ・ニソワーズ］

鍋にたくさんの野菜をすべて入れてふたをすると、調理人のやるべきこと
は何もなし。あとはキッチンの神様にまかせて、おいしくなるようにと祈
るのみです。一般にはひとつひとつの野菜を油で炒めてから鍋に合わせ、
さっと煮上げて野菜を形よく仕上げます。しかしぼくは、ピーマン以外は
すべていっしょに鍋に入れてじっくりと煮込んで作ります。こうすると必
要以上に油っぽくなりませんし、野菜が煮溶けてなじみ合い、それぞれの
野菜だけでは出させない渾然一体となったおいしさが誕生します。ぼく
にとっては野菜のジャムのようなイメージなんです。そして、おいしさは
ぎゅっと詰まっていてほしいけれど、水っぽくてはイメージではありませ
ん。かといって汁気がなくなるまで煮ると、野菜がペーストのようになり
かねない。そこで煮込みの最終段階では、一度具と汁とを分けて野菜から
出た水分だけを煮つめ、再度野菜と合体させます。

■材料（4人分）
なす……小7〜8個
ズッキーニ……小5本
赤ピーマン（パプリカ）……2個
緑ピーマン……5〜6個
玉ねぎ……大2個
ホールトマト（缶詰）……1缶
にんにく……4かけ
オリーブ油……80㎖
赤唐辛子（好みで）……1/2本
塩……適量

●鍋　直径25㎝ぐらいの厚手鍋と小鍋

●代用いろいろ　ホールトマト（缶詰）→
生トマトでももちろんよい。皮を湯むき
（P.122参照）して、種を取り除いて使う。

●でき上がり量はやや多めですが、冷蔵
庫保存で3〜4日はおいしく食べられる。

●煮込み時間　約1時間

1 赤ピーマンをまるごと強火のじか
火で皮を真っ黒に焼く。すぐに水
にとって焦げた皮をむき、種を取り除
いて乱切りにする。緑ピーマンも種を
取り除き、同じ大きさの乱切りにする。

2 トマトを縦に切り開いて中の種を
とり除き、汁に戻しておく。玉ねぎ
は2㎝幅のくし形に切る。にんにくは
縦半分に切り、芽を取り除いて薄切り
にする。

3 なすは縦縞になるように皮を適宜
むいてから1㎝幅の輪切りにする。
ズッキーニはへたを切り落とし1㎝幅
の輪切りにする。なすとズッキーニは
別々にざるに入れ、それぞれに塩を小
さじ1/2ずつふり混ぜて少しおき、あ
くと水気を浮かせる。

1 : 1 : 1 : 1 : 1 : 0.1

ラタトゥイユで使う野菜のおいしい比率は、それぞれが同じボ
リューム感であること。作りたい量やお手持ちの鍋に合わせて、材
料表のとおりでなくても気楽に全体量を調整してください。

4 鍋にオリーブ油70mℓ、にんにく、玉ねぎ、赤唐辛子を入れて中火にかける。木べらで混ぜながら、玉ねぎがしんなりして透明感が出てくるまで焦がさないように炒める。塩小さじ1ほどを加え、そのまま食べておいしい味をつける。

5 3のなすとズッキーニを塩をつけたまま鍋に加えて、ざっと炒め合わせる。

6 2のトマトを手で粗くつぶし、缶汁とともに加える。赤ピーマンも加え、ざっと混ぜ合わせ、ふたをして弱火にする。

7 フライパンにオリーブ油10mℓを温め、強火で緑ピーマンを炒める。軽く焼き色がついたら、塩小さじ1/3をふって混ぜ、6の鍋に加える。ふたをしてさらに煮る。むやみに混ぜない。

8 ズッキーニをつまんで、簡単につぶれる柔らかさになったら火を止める。

9 大きなボウルにざるをのせ、ラタトゥイユをあける。ざるでこされた煮汁だけを小鍋に入れて弱火にかけ、とろみがつくまで煮つめる。

10 野菜を鍋に戻し、煮つめた煮汁を加え、全体を大きく混ぜ返す。ざっとからまればでき上がり。

Chef's comments

温かくても、冷たくてもおいしいので、そのときの気分に合わせてどうぞ。できたてもいいけれど、この料理は時間とともにおいしさが変化していくので、それを楽しんでもよいのでは？　ぼくは少しおいたほうが好きなくらいです。南仏の料理なので、おもてなしに出すならこれをサイドディッシュにして、いわしのプロヴァンス風などをメインにすると完璧な南仏風の献立になります。

作った翌日も、さらにその翌日もおいしい
お店のまかないにも登場

リメイク1　パスタのソースにする
ラタトゥイユで冷製パスタ
Spaghetti froid à la niçoise
[スパゲッティ・フロワ・ア・ラ・ニソワーズ]

店のまかないとして、忙しいときにパッと作って食べているスタイルです。パスタのソースにするためには、塩とタバスコ、にんにくを少し加えて味を引き締めます。そのままではちょっとパンチがたりないので。

■材料（4人分）
ラタトゥイユ……300g
スパゲッティ（細め）……300g
おろしにんにく……大さじ1/4
オリーブ油……大さじ1
タバスコ……少々
塩……少々
パルミジャーノチーズ……適量

1 鍋にたっぷりの湯を沸かす。湯の1.4％の塩を加えて、スパゲッティをゆでる（表示の時間よりやや長めに）。

2 スパゲッティがゆで上がったら、すぐに冷水にとって冷まし、水気をきってボウルに移す。

3 おろしにんにく、オリーブ油、冷たいラタトゥイユ、塩少量を加えてあえる。味をみてタバスコを加える。器に盛りつけ、好みでパルミジャーノチーズをふる。

リメイク2
野菜の濃厚な甘さを引き立たせて
ラタトゥイユでグラタン
Gratin de ratatouille
[グラタン・ド・ラタトゥイユ]

グラタンはもともと前日の残りものを再利用する料理です。ラタトゥイユは作ったその日よりも2～3日たったほうが野菜の甘みがなじんで、おいしいように思います。塩味の強いチーズをきかせて焼くと、いっそう甘みが際立ちます。

■材料（直径15cmのグラタン皿1枚分）
ラタトゥイユ……200g
ソース・ベシャメル（ホワイトソース）
（作り方P.125）……180g

1 チーズ入りのホワイトソース「ソース・モルネー」を作る。ソース・ベシャメルを小鍋に入れ、パルミジャーノチーズ大さじ山盛り1を加えて煮溶かす（写真a）。

2 グラタン皿にラタトゥイユを入れ、1のソースをかけ、好みでパルミジャーノチーズをふる。200℃のオーブンで10分、またはオーブントースターで焼き色がつくまで焼く。

a

北アフリカ発祥の今やフランスの国民食

クスクス

Couscous

[クスクス]

もともと地中海に面した北アフリカ諸国の料理ですが、フランスでも庶民的な料理として、とてもポピュラーになっています。特徴的な黄色い粒々は、硬質小麦で作られた極小の粒状パスタで、スムールといいます。おもにクスクス料理に使われることから、スムール自体がクスクスの名で売られることも多いようです。特有の麦の風味がするので苦手なかたもいるようですが、ここで紹介するシチューのスープで蒸らす方法ならきっとおいしく食べてもらえると思います。また、ラム肉は塩でしっかり下味をつけてきちんと焼くと、香りも味もぐんとよくなって、この料理に欠かせない存在であることを感じてもらえることでしょう。これまでは苦手だった人も、このクスクスはぜひラムで作ってみてください。

Chef's comments

クスクスはボリュームがあって栄養バランスがよく、この一皿だけで充分に食事として満足してもらえると思います。カレーライスのようにスムールとシチューをいっしょに盛りつけてもよいのですが、各自のお皿にはスムールとシチューの具だけを盛りつけて、シチューのスープを別にして出すのはどうでしょう。各自でスープをスムールにかけながら食べてもらうわけです。スムールはスープを吸うとぐんぐんふやけてくるので、各人のおなかの具合と食べるペースに合わせて楽しんでもらえればと思うのです。

■材料(4人分)

鶏もも骨つき肉……2本(400g)
ラム骨つきばら肉……4本(400g)
かぶ……4個
かぼちゃ……1/4個
赤ピーマン……1個
玉ねぎ……大1/4個
にんじん……2本
ズッキーニ……小4本
トマト……3個
サフラン……3つまみ
鶏がらスープの素(顆粒)……小さじ2
黒こしょう……少量
スムール(クスクス)……240g
バター……30g
オリーブ油……大さじ1強
塩、水……各適量
アリッサ(作り方はP.95。
　　食卓調味料としても使う)……適量

●代用いろいろ　ラム骨つきばら肉→骨つきでなくてもよい。

●鍋　直径25cmぐらいの大きな厚手鍋と小鍋。本来クスクスは、クスクシエという特別な鍋で作るが、ここでは家庭のキッチンにある道具で手軽に作る。

●スムール　インスタントタイプで、粒サイズがミディアムのものを購入する。大抵はクスクスの名で売られている。

●アリッサ　シチューを煮始める前にP.95を参照して作っておく。市販品でもよい。

●煮込み時間　約70分

1 鶏もも肉を関節で2つに切り分ける(P.122参照)。塩小さじ1/2をふってもみ込む。ラム肉にも塩小さじ1/2をもみ込む。いずれもそのまま30分おく。

2 トマトは皮を湯むきし(P.122参照)、横半分に切り、種を取り除く。赤ピーマンは強火のじか火で皮をまっ黒に焼き、水にとって皮を手でこそげ落とす。縦4つに切り、種を取り除く。

3 ズッキーニはへたを落とし、縦半分に切る(大きい場合は、適宜縦に薄く切る)。全体に小さじ1/3の塩をふる。

4 かぶは上下を切り落とし、縦半分に切り、面取りする。にんじんは皮をむき、縦4つに切る。玉ねぎは大きめのくし形に切る。かぼちゃは皮をむき、種を取り除き、薄めのくし形に切る。

5 フライパンにオリーブ油を熱し、鶏肉を身のほうを下にして入れて焼く。両面を写真のようにこんがりと焼いたら取り出し（フライパンは洗わない）、ラム肉を入れ、同様にこんがり焼く。

6 鍋に水2ℓを注ぎ、鶏がらスープの素を加えて煮立てる。煮立ったところで5の鶏肉、ラム肉を入れ、弱火でふたをしないで煮る。煮汁が減ったら、その分水を適宜たす。

7 10分ほどしたら、玉ねぎ、サフランを加える。サフランは贅沢に使ったほうがおいしい。さらに10分ほどして鶏肉が柔らかく煮えたら、バットに取り出す。スープの味をみながら塩小さじ2/3を加えて味をととのえる。

8 アリッサ小さじ2、にんじん、かぶを加え、さらに弱火で煮る。鍋の中はむやみに混ぜず、ふたはしない。

9 シチューを煮ている間にスムールの準備をする。小鍋にバターを入れ、8のスープ250㎖をとって加えてバターを溶かす。スムールをボウルに入れ、バターを溶かしたスープを注ぎ、皿などでふたをして15分蒸らす。

10 スムールが完全に汁気を吸ったらバットに広げ、手でほぐす。味をみて、塩を小さじ1/3ほど加えておいしい塩加減にととのえる。食べるときには電子レンジで温め直す。

11 シチューを煮ている間に、その煮汁400㎖を小鍋にとり、そこでかぼちゃをゆでる。竹串を刺してすっと通るようになったら火を止める。

12 シチューにズッキーニを加え、ひたひたになるまで水を加えて弱火で煮る。これ以降は煮汁が減っても水をたさない。

13 ズッキーニが柔らかくなったら、赤ピーマンを加え、トマトを手でつぶしながら入れ、黒こしょうをふる。さらに煮て、トマトが煮溶けて煮汁になじんだら、取り出しておいた鶏肉とそこからしみ出た肉汁を加え、肉を温める。

すぐに食べるなら スムールを電子レンジで温めて、皿に盛り、肉と野菜を添える。別ゆでしたかぼちゃもいっしょに盛る。シチューの煮汁は別にボウルに入れて出す。

あとで食べるなら かぼちゃとシチューの野菜を煮汁から出しておく。食べるときに、煮汁を温め、かぼちゃと取り出した野菜を電子レンジで温め直す（鍋で温めると煮くずれてしまうため）。スムールも電子レンジで温め直し、肉、野菜とともに盛りつける。あつあつにした煮汁をスープとして別盛りにして出す。

Condiments
アリッサ ［harissa］
クスクス用の辛み調味料

北アフリカのスパイシーな調味料で、クスクスには欠かせません。ここではぼく流の簡単な作り方を紹介します。オリーブ油に香辛料を入れて加熱して、辛みと香りを移します。密閉容器に入れておけば、かなり長期間、風味を保つことができます。クスクスだけでなく、焼き肉や揚げものにもどうぞ。エキゾチックな一皿に変身します。

市販品にはチューブ入りタイプも。赤唐辛子色のペースト状で、最近は「ハリッサ」の商品名も見かけるが、フランス語では「アリッサ」というのが正解。

■材料
オリーブ油……120㎖
赤唐辛子……3本
キャラウェイシード……小さじ1
クミンシード……小さじ1/2
にんにく……2かけ

1 赤唐辛子を水に浸す。柔らかくなったら半分に切って種を取り出し、細かく刻む。にんにくはすりおろす。

2 冷たいオリーブ油に赤唐辛子とキャラウェイ、クミンを入れてとろ火にかける。

3 香りが出てきたら、にんにくを加えて強火にして混ぜ、水少々（分量外）を加える（写真）。ぱちぱちという音が小さくなったら別容器に移す。

先に肉に充分な下味をつけて、ゆっくりじっくり煮込むのがコツ

ロールキャベツ
Chou farci
［シュー・ファルシ］

ロールキャベツはひき肉を使いますが、これもれっきとした煮込み料理です。よく煮込むことで肉はしっとりと柔らかくなり、キャベツは肉の旨みを含んでおいしくなります。どうもおいしくできないというケースは、たいてい煮込み不足が原因だと思われます。ひき肉は火の通りが早いので、さっと煮ればよい気がしますが、やはり堅い部位の肉ですから、煮込まないと本当のおいしさは出てきません。煮ている間に一度は肉の旨みが煮汁に出ますが、さらに煮るうちにその旨みが肉に戻り、ふんわりとしておいしくなってきます。また、煮る前に肉にしっかり下味をつける煮込みの鉄則は、ひき肉でも同じです。そのため煮汁に強い味は必要なく、水だけでも充分なくらいです。

■材料（4人分）
キャベツの葉……12〜14枚
牛ひき肉……400g
A┌玉ねぎ……1個（180g）
　│にんじん……1/2本（100g）
　└セロリ……1/2本（25g）
バター……40g
鶏がらスープの素（顆粒）……小さじ1
B┌トマトケチャップ……15g
　│塩……小さじ2/3
　└黒こしょう……適宜
水……適量

●代用いろいろ　牛ひき肉→合いびき肉、鶏ひき肉で作ってもそれなりのおいしさに。

●煮込み鍋　ロールキャベツを隙間なくきつきつに詰められるサイズの厚手鍋

●煮込み時間　2時間

1 材料Aをすべて細かいみじん切りにする。鍋にバターを熱し、溶け始めたらAを加え、弱火で焦がさないように混ぜながら炒める。しんなりしてきたら鶏がらスープの素を加える。玉ねぎの甘みが出るまで炒め、バットに広げて冷ます。

2 たっぷりの湯を沸かし、塩を湯の1％ほど（分量外）加える。キャベツの葉をはがして熱湯に入れ、くたっとしてきたらすぐに冷水にとる（ゆですぎを防ぐため）。冷めたら軸の太い部分を包丁でそいで厚みを平均にする。

3 ひき肉をボウルに入れて手でよく練り混ぜ、粘り気が出てきたら、1の冷ました野菜を加えて練り混ぜる。Bの調味料を加えてさらによく混ぜ合わせる。8等分にして俵形にまとめる。

4 2のキャベツを広げ、3の肉を包む。破れのある葉には別の葉を適当な大きさにちぎって当てて巻く。まず手前からひと巻きし、片側（右）を折りたたみ、最後まで巻き、もう片側を指で詰め込む。最初のひと巻きをぎゅっときつく締めるのがポイント。

5 ロールキャベツを隙間なくきっちり詰められるサイズの鍋に、きつきつに詰める（きつく詰めないと巻きがゆるんでしまう）。水をひたひたに加えて弱火にかけ、沸いたらごくとろ火にして、ふたをして煮る。焦げつくといけないので、途中で中の様子を見て、必要なら水をたしながら煮る。2時間煮ればでき上がり。

Chef's comments

白いご飯にもよく合う料理ですので、いつもの食事のおかずにもどうぞ。汁気の多い煮込みなので、フレンチスタイルの献立を考えるとしても、スープはいりません。前菜やサラダをプラスするとよいでしょう。前菜でしたら魚介を使った冷たい料理を、サラダならきゅうりやなす、大根などのさっぱりした素材でシンプルな味つけのものがバランスよいと思います。

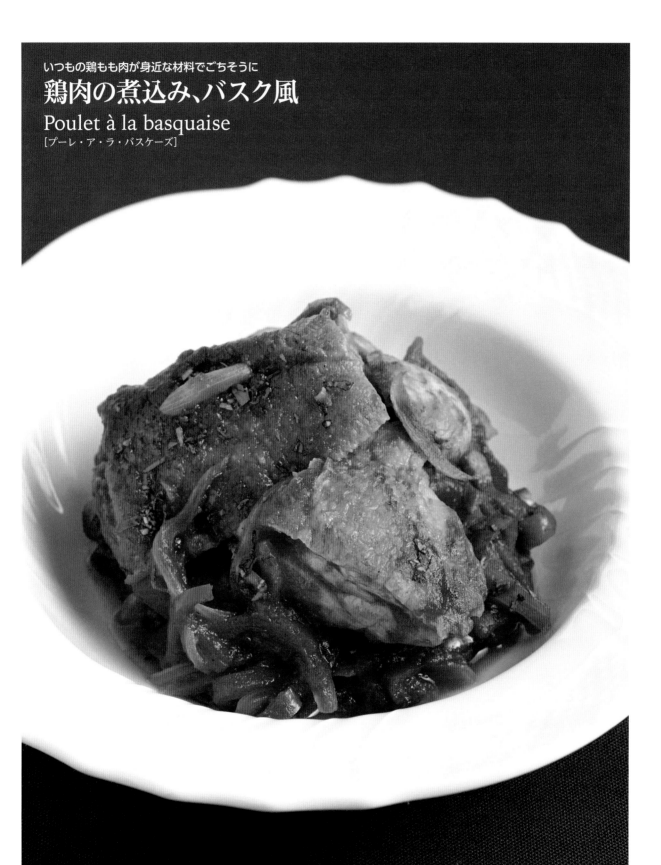

いつもの鶏もも肉が身近な材料でごちそうに

鶏肉の煮込み、バスク風
Poulet à la basquaise
[プーレ・ア・ラ・バスケーズ]

作り方　P.100〜101 参照

バスク地方はフランス南西部からピレネー山脈を越えてスペインに至るあたり。フランスともスペインとも異なる独特の言語や文化を持った地域で、料理ではにんにく、トマト、ピーマンをふんだんに使うのが特色です。ぼくは見習いだったころにこの料理に出会い、バスクという土地になぜか親近感を持ちました。たっぷりの野菜が煮溶けてそのままソースになった、素朴な姿に魅了されたのかもしれません。肉を煮込むときにはこの料理に限らず、あらかじめしっかりと下味をつけます。意外かもしれませんが、肉は鍋で煮ているときに塩をしても、中まで味はしみ込みません。ですから煮る前に塩をもみ込んで少しおき、しっかりと中まで浸透させておくことが大事なのです。内部にまで味がしみていれば煮込んでも味は抜けません。

■**材料（4人分）**
鶏もも骨つき肉……4本（約800g）
玉ねぎ……1個（150g）
緑ピーマン……4個
赤ピーマン……1個
ホールトマト（缶詰）……200g
にんにく……2〜3かけ（18g）
オリーブ油……大さじ2
白ワイン……150㎖
鶏がらスープの素（顆粒）
　　　……小さじ1/2
黒こしょう……少々
塩……小さじ1強

●代用いろいろ　トマト→生でもかまいません。その場合は皮を湯むきして（P.122参照）、種を取り除き、ざっとつぶしてから加える。

●煮込み鍋　鶏もも肉が並べられる底の広い厚手鍋

●煮込み時間　約5分

1 鶏もも肉を関節で2つに切り分ける。関節近くにある脂肪の筋を目安に、その少し足先寄りを切るとすぱっと切れる。塩を全体にふり、手でもみ込む。そのまま30分おいて味をしみ込ませる。

2 玉ねぎ、赤ピーマン、緑ピーマンをすべて小さな細切りにする。にんにくはみじん切りにする。トマトはざるを通して裏ごしして種をとり除き、粗いピュレ状にしておく。

3 鍋にオリーブ油を熱し、1の鶏もも肉を焼く。写真のような濃い焼き色がついたらバットにとり出す。鍋の油脂だけを捨てる（洗わない）。

4 3の鍋に玉ねぎ、にんにくを入れて弱火で炒める。色をつけないように木べらで混ぜながら、玉ねぎに甘みが出るまで炒める。

5 赤、緑のピーマンを加えてさっと炒め合わせ、白ワインと鶏がらスープの素を加える。ワインが蒸発して、野菜にひたひたになるまで弱火で煮る。

6 焼いた肉をしみ出た肉汁といっしょに鍋に戻し、トマトの粗ごしを加え、ふたをして5分ほど弱火で煮る。5分ほど煮ても、まだ煮汁が水っぽいようなら鶏肉を再度取り出して、煮汁だけを煮つめる。写真のようなとろみがつけばよい。最後に黒こしょうをふってでき上がり。

温め直すとき 水を少したしてから弱火でゆっくり温める。

Chef's comments

ここでは骨つきの鶏もも肉のレシピで紹介しましたが、P.99のような普通の鶏もも肉でもOKです。その場合、プロセス3ではチキンソテーを作るつもりで調理スタート。ぼくは鶏肉を焼くときはまず肉側を下にしますが、理由は反り返りが防げるからです。フライパンに肉を並べて弱火で1分ほど、それから肉を返して、中火にして約10分、皮目をきっちり焼きます。出てくる脂を肉にかけながら焼きますが、徐々に出てくる量が多くなりますから、余計な脂を捨てていきます。パリっと色よく焼けたら食べよく切って、プロセス6の鍋に加えて短時間煮込みます。あるいは、トマトの粗ごしを入れて煮つめたところで、チキンソテーを加え、なじむ程度にさっと煮合わせてもおいしいです。

アルザスで働いていたときに覚えた本場の味です

シュークルート

Choucroute

［シュークルート］

シュークルートはキャベツを塩漬け発酵させた、いわばキャベツのお漬けもの。そして、これを塩漬け豚肉と煮た料理も同じくシュークルートの名で呼ばれます。シュークルートは酸味がありますので、さっと洗ってから使いますが、このアルザスの郷土料理はほどよい酸味がきいていてこそおいしいものです。抜きすぎは味がぼやけるので要注意です。

■材料（4人分）
シュークルート（瓶詰。下記参照）
　　……700g
豚ばら肉の塩漬け（作り方P.69）
　　……300g
ベーコン（かたまり）……220g
ストラスブールソーセージ……120g
じゃがいも……小4個
玉ねぎ……1個（170g）
白ワイン（辛口）……300㎖
ラード……大さじ4
鶏がらスープの素（顆粒）……小さじ1
水……100㎖
ねずの実（ジュニパーベリー）
　　……10粒
クローブ……2本
マスタード（食卓用）……適量

●代用いろいろ
ソーセージ→好みのソーセージでかまわ
ない。
ラード→P.115のコンフィの脂を使うと一
段とおいしくなる。普通のサラダ油でも
よい。

●鍋　直径22㎝ぐらいの厚手鍋

●煮込み時間　約1時間20分

●シュークルート　本来はアルザス産の
ものを使いたいが、日本ではそれとほぼ
同じドイツ産のザワークラウトで代用を。
スパイス入りは香りが強く、シュークルー
ト作りには不向き

1 玉ねぎを繊維にそってごく薄く切
る。シュークルートは流水で軽く
もみ洗いして酸味をとり（商品によっ
て酸味が異なるので必ず味みを）、しっ
かりと水気を絞る。じゃがいもは皮つ
きのまま別ゆでする。ソーセージに竹
串で数十か所の穴をあけておく。

2 鍋にラードを熱し、玉ねぎをしん
なりするまで色づけずに炒める。
甘みが出たらシュークルートを加え、
ほぐしながらしっかり炒め合わせる。

3 むらなく混ざったらシュークルー
トと玉ねぎを周囲に寄せ、中央に
豚ばら肉の塩漬けとベーコンをかたま
りのまま埋める。ねずの実とクローブ、
白ワイン、鶏がらスープの素、水100
㎖を加え、ふたをしてとろ火で煮る。

4 1時間ほど煮たらソーセージを加
え、ふたをしてさらに15分とろ火
で煮る。

5 時間になったらふたをはずして煮
て、汁気がほとんどなくなったら
でき上がり。肉、じゃがいもは適宜切っ
て盛りつける。マスタードを添える。

Chef's comments

大皿に盛ってみんなで取り分け
て食べるのがアルザス流。そして
盛りつけは「ドーム状に！」と、こ
んもり山高に盛るように教わりま
した。

シンプル仕立てでも優美さを放つ本格レストランの味

鶏の煮込み、ヴィネガー風味
Cuisses de poulet au vinaigre
[キュイッス・ド・プーレ・オー・ヴィネーグル]

この料理が水を1滴も加えずにワインヴィネガーの汁気だけで作ると知ったときは本当に驚きました。ソースは煮汁をこして、さっと煮つめただけなのですが、切れ味のよい豊かな風味があって、じつにおいしいのです。フランス料理のソースというと、手間ばかりかかる感じがしますが、煮汁から作るソースは簡単でありながらおいしい。これは元来リヨン周辺の地方料理だったものです。

■材料（4人分）
鶏もも骨つき肉……4本（約800g）
にんにく……1個（球のまま）
（苦手なら減らしてもよい）
白ワインヴィネガー……100mℓ
トマト……4個
オリーブ油……大さじ2
鶏がらスープの素（顆粒）
　　……小さじ1/2
黒こしょう……少々
塩……小さじ1強
つけ合わせ
レンズ豆のブレゼ（作り方はP.84）

●代用いろいろ　トマト→トマトペーストなら大さじ1。生よりも色よく仕上がる。その場合はプロセス4で鶏がらスープの素を直接鍋に加えず、水200mℓで溶いて加える。

●鍋　直径22cmぐらいの厚手鍋

●煮る時間　約20分

1 鶏もも肉を関節で2つに切り分ける（P.122参照）。塩をふってもみ込み、そのまま30分ほどおく。

2 にんにくを小房に分ける（皮はつけたまま）。トマトは皮を湯むきする（P.122参照）

3 鍋にオリーブ油を熱し、鶏もも肉を焼く。両面にこんがり焼き色がついたら、にんにくを加えて弱火にし、ふたをして5分ほど蒸し焼きにする。

4 よい香りがしてきたら白ワインヴィネガーを加え、強火にしてつんとする酸味をとばす。汁気が半量になったらトマトを手でにぎりつぶしながら加え、鶏がらスープの素も加える。さらに弱火で煮る。

5 鶏肉に完全に火が通ったら一度取り出す。煮汁を目の細かいざるにあけ、スプーンでにんにくを押しつぶしながらこす。こした汁を小鍋に入れ、中火にかけて煮つめる。とろみがついたら、黒こしょうをふって仕上げる。鶏肉を皿に盛りつけてソースをかける。つけ合わせにレンズ豆のブレゼを添える。

黒ビールで煮込む

鶏手羽のビール煮、フランドル風

Carbonade de poulet

[カルボナード・ド・プーレ]

フランドル地方の煮込み料理カルボナードを鶏に置き替えた一皿。こくが旨さの料理ですが、その決め手は炒め玉ねぎの甘みと甘口ビールのシメイ・ルージュ。肉にはしっかりとした焼き色をつけるのが鉄則です。また、肉がベストな状態まで煮えたら取り出して、煮汁だけを好みの濃度まで煮つめること。肉もいっしょに煮つめると柔らかくなりすぎて存在感が薄れてしまいます。ベルギービールのシメイはこのレシピの必須アイテム。フルーティな香味と濃厚な旨みを他のビールで代用するのは無理ですね。

■材料（5～6人分）

鶏手羽元・手羽先
　……各8本（1.1kg）
塩（鶏肉用）……11g（肉の1%）
玉ねぎ……1と1/2個（300g）
バター……20g
サラダ油……45㎖
ベルギービール［シメイ・甘口］
　……1本（750㎖）
塩（煮汁用）……1g
水溶きコーンスターチ……小さじ2
（＊水とコーンスターチを10：1の割合
　で混ぜる）
ブール・ノワゼット（p.59参照）
　……20g
黒こしょう……適量
水……600㎖

●代用いろいろ　鶏肉→牛肉。本来、カルボナードといえば、ベルギー発祥の煮込みで、牛肉を黒ビールで煮込んだものをいいます。

●鍋　直径26㎝のフライパン、直径21㎝の鍋

●煮込み時間　60分

シメイ［CHIMAY］

シメイはベルギービールの名称。そのなかでもフルーティな香味と円熟したこく、さわやかな味わいの甘口・ルージュ（通称レッド）がおすすめ。このレシピには絶対にシメイを使ってください。他のビールではやはり物足りない気がします。

1 玉ねぎは薄切りにする。フライパンにバター、玉ねぎ、水100mlを入れ、強火にかける。水がなくなってきたら中火にし、底をこそげるように混ぜながら炒める。水がなくなったら足し、混ぜながら炒めるを繰り返し、茶色くくたくたの状態に仕上げる。

2 鶏肉は塩をふってもみ込み、室温で最低10分おく。よくもみ込むと水分が出てくるが、そのままでOK。

3 フライパンにサラダ油30ml、**2**を入れて中火にかける。肉の下に油がある状態を保ちながら（油を足しつつ）焼く。ときどき返し、全面にしっかり焼き色をつける。

4 鍋に**3**、**1**、ビール、水500mlを入れ、強火にかける。沸騰したら弱火にし、あくが出たらとり、1時間ほど煮る。水分が少なくなったら水をたす。煮たら粗熱がとれるまで休ませておくのが理想。しっかり味がしみる。

5 鶏肉を指で押してみて、柔らかくなっていたら取り出す。崩れるのは煮込みすぎなので注意。

6 煮汁に塩、水溶きコーンスターチを加え、強火で煮つめる。煮つめる目安は600ml。

7 ブール・ノワゼットを作り、**6**が沸騰しているところに加える。こしょうを加え、ソースのでき上がり。皿に鶏肉を盛り、ソースをかける。

パプリカ風味で味わうハンガリー風ビーフシチュー

グーラッシュ

Goulache

［グーラッシュ］

パプリカをたっぷり使うハンバリー発祥の煮込みです。この料理はパプリカをどのタイミングで加えるかがひとつのポイント。というのもパプリカは焦げやすく、けれども香りを出すためにはきちんと炒める必要があるからです。そこで肉や野菜を炒め終えたところに加えて、高温にならないように炒めて香りを立たせるようにします。

■材料（4人分）

牛もも肉（かたまり）……650g
玉ねぎ……1と1/2個（270g）
ホールトマト（缶詰）……200g
じゃがいも……1個（150g）
にんにく（みじん切り）……小2かけ分
パプリカパウダー……小さじ2
黒こしょう……少量
オリーブ油……大さじ2
バター……適量
塩、水……各適量
つけ合わせ
パスタ（キッフェリ・リガーティなど）
　……50g
パセリ（みじん切り）……適量

●代用いろいろ　パスタ→マカロニ、ペンネなどショートパスタならお好きなものでよい。好みで赤ピーマンなどを加えてもおいしい。

●鍋　肉を焼くときにひと並べにできる大きさの鍋が理想。圧力鍋でもよいが、その場合は、肉をフライパンで別に焼き、玉ねぎとにんにくも炒めてからすべて圧力鍋に移して煮る。

●煮込み時間　約2時間。圧力鍋では30分

Chef's comments

「田舎風」の感じがこの料理のよいところ。たとえばパスタをたっぷり添えてワンプレートの食事にしてもよいのでは。

1 牛肉を5cm角に切り、塩小さじ1強をふってもみ込み、30分おく。

2 玉ねぎを薄切り、じゃがいもを皮をむいて乱切りにする。トマトは種を取る。

3 鍋にオリーブ油をひき、牛肉をしっかり焼き色がつくまで焼く。

4 肉を取り出し、バター30gをたし、玉ねぎ、にんにくを炒める。

5 にんにくに火が通ったら肉を鍋に戻し、パプリカを入れ、全体にからめる。トマトの身と缶の汁を加え、木べらで軽くつぶす。水1ℓを加え、ふたをしないで煮る（弱火）。水が減ったら適宜水をたす。

6 フライパンにバター5gを入れ、じゃがいもをきつね色に炒める。

7 大きめの鍋に塩分1.4％のたっぷりの湯を沸かし、パスタをゆでる。パセリのみじん切りをまぶしておく。

8 肉が柔らかくなったら再度取り出し、6のじゃがいもを加えて煮る。煮えたら肉を戻し、黒こしょうをふる。器に盛り、7のパスタを添える。

野菜たっぷりの羊肉の煮込み。素朴な田舎風料理です

ナヴァラン

Navarin d'agneau

[ナヴァラン・ダニョー]

ナヴァランは、羊肉とかぶを取り合わせて煮込むのが一般的。フランスの
かぶは肉質がしまっているので、少々煮込むくらいでは煮くずれしません。
でも、日本のかぶは少し煮るだけでとろとろに。ぼくは日本のかぶで作っ
ても、歯ごたえと味わいを残したいので、かぶは肉とは別に八分通り火を
通してから、煮込みの後半に鍋に加えるようにしています。

■材料(4人分)

ラム肩肉(かたまり)……700g
かぶ……4個(400g)
玉ねぎ……1と1/2個(270g)
にんじん……細め2本(250g)
じゃがいも……小2個(200g)
ホールトマト(缶詰)……200g
オクラ(彩り用)……5～6本
パセリ(みじん切り)……少量
にんにく……3かけ
強力粉……小さじ2
オリーブ油……適量
バター……適量
塩、水……各適量

●代用いろいろ
ラム肉→牛肉でも可。しかし、旨みはラム
肉のほうが一枚上。
にんじん→なくてもよい。
オクラ→絹さや、アスパラガスなど彩り
になる緑色の野菜なら何でもよい。

●鍋　直径24cmぐらいの厚手鍋

●煮込み時間　約2時間

Chef's comments

皿盛りにせず、ボウルに入れて
ドーンと出してもいいでしょう。
いつもの白いご飯の食卓にも無
理なく合う煮込み料理です。フ
レンチスタイルにこだわるならバ
ゲットをガーリックトーストにし
てどうぞ。

1 ラム肉を4～5cm角に切り、塩小
さじ1強をふってもみ込み、30分
おく。

2 玉ねぎ、かぶは大きめのくし形、
にんじん、じゃがいもは皮をむい
て乱切りにする。トマトは種を取り除く。
にんにくは薄皮をむく。

3 鍋にオリーブ油大さじ3を入れ、
ラム肉をしっかり色がつくまで焼
く。

4 肉を取り出し、バター20gをたし、
玉ねぎを入れる。ひと混ぜし、に
んじんとにんにくを加える。甘みが出
るまで混ぜながら炒める。

5 肉を戻し、強力粉をふり入れ、鍋
底に写真のようなこびりつきが少
しできるまで炒め合わせる。

6 トマトの身と汁を加え、水1ℓを
注ぐ。弱火でふたをして煮る。

7 フライパンにオリーブ油大さじ2
を入れ、かぶを炒める。肉がほぼ
柔らかくなったら6の鍋に加えて煮る。

8 フライパンにバター15gを熱し、
じゃがいもを芯に火が通るまで炒
め、塩ひとつまみをふる。

9 オクラに塩をふって板ずりし、熱
湯でさっとゆでる。

10 6の肉が柔らかく煮えたら器に
盛り、じゃがいも、オクラを添
え、パセリのみじん切りをふる。

最後にコンフィを入れるクラシックな煮込み
ガルビュール
Garbure
[ガルビュール]

ポトフーやポテ（P.60、P.68）のように、肉と野菜に水を加えて煮るだけの料理がフランス各地にあります。ガルビュールはそのベアルヌ地方のスタイルといってもよいでしょう。シンプルな調理と素朴な見た目からは、暮らしに密着したフランス料理の昔の姿が偲ばれます。豚肉の塩漬けと野菜に加えて、がちょうのコンフィを使うのがガルビュールの特徴ですが、ここでは代わりに鶏肉のコンフィを使いました。調理に油脂を使わないため、そのぶんコンフィという脂肪に漬け込んだ肉を加えてこくをつけることが、とても重要です。

■材料（4人分）

豚肉の塩漬け（作り方はP.69）
　……350g
鶏もも肉のコンフィ（作り方はP.114）
　……2本
キャベツ……200g
そら豆（冷凍）……120g
じゃがいも……1個
かぶ……2個
A┌にんじん……細め1本
　│玉ねぎ……1個
　│ポロねぎ……80g
　│にんにく……大1かけ
　└粒黒こしょう……6粒
塩、水……各適量

●代用いろいろ　キャベツ以外の野菜は、なければ省いてもよいし、身近な野菜に置き換えてもかまわない。

●鍋　圧力鍋もしくは直径20cmぐらいの厚手鍋

●煮込み時間　圧力鍋で80分。普通の鍋なら約100分

Advice

野菜の切り方は、小さく切りそろえなくてもかまいません。ごろごろした大きな野菜を煮てもガルビュールらしいと思います。

1 豚肉の塩漬けを2つに切り分ける。圧力鍋に水1.5ℓと豚肉を入れ、ふたをして弱火にかける。圧力がかかってから30分ほど煮る。普通の鍋なら弱火で60分くらいかけて柔らかく煮る。

2 煮ている間に、じゃがいも、かぶ、にんじん、玉ねぎ、ポロねぎをすべて1〜1.5cm四方の薄切りにする。にんにくはみじん切りに、キャベツは細切りにする。

3 1が煮えたら材料Aを加え、ふたをしないで弱火で煮る。野菜が煮汁から出ていたら、ひたひたまで水をたす。10分ほどしたらかぶを加え、さらに5分煮てキャベツを加える。その10分後にじゃがいもと冷凍のそら豆を加えて5分ほど煮る

4 鶏肉のコンフィの脂をぬぐいとってから鍋に加え、温める。味が薄いようなら塩少量を加えて味をととのえる。肉は適宜カットして盛りつける。

Chef's comments

一皿の中に肉が2種類と、野菜がたっぷり入っていますから、これだけで味覚もボリュームも充分に満足してもらえると思います。もし前菜を用意するなら、トマトサラダなどフレッシュ感のあるものがよいでしょう。
ガルビュールの伝統的な食べ方ですが、いっしょに煮込んだ豚肉を一部取り出してほぐし、トーストしたバゲットにのせます。これをスープ皿に盛って食卓に出し、ガルビュールを煮汁とともにかけていただきます（写真右）。

フレンチの基本メソッド──2
コンフィという煮込み
Confit
[コンフィ]

低温の油脂で煮る、フレンチの調理法

フランスの伝統的な保存食です。低い温度の脂で肉をじっくり柔らかく煮込んだ料理で、そのまま脂に漬けて保存します。脂で煮ると肉の余分な脂が抜けて、意外なほどあっさりした味に仕上がります。動物性油脂の旨みを生かしたフランスらしいすばらしい煮込み料理で、とくにフォワグラをとったあとの鴨のもも肉を、鴨の脂で煮たコンフィは本当においしいものです。コンフィは長期保存ができ、長く保存したものには熟成した旨みがあり、ローストすると独特の味を醸し出します。

2 ラードとサラダ油を大きな鍋に入れ、80℃に温める（きちんと温度計で鍋の中央を計る）。**1**のもも肉を洗わずに入れ、火をつけたり消したりして80℃を維持したまま1時間半煮る。ふたはしない。

鶏肉のコンフィ
Confit de cuisses de poulet
[コンフィ・ド・キュイッス・ド・プーレ]

80℃の脂で1時間以上かけてゆっくり煮るのがこの料理の最大のポイント。「揚げ」ではないので、肉を縮めずに、しっとり柔らかく煮ることができます。必ず動物の脂を使います。

■**材料（4人分）**
鶏もも骨つき肉……6本
ラード……1ℓ
サラダ油……500㎖
塩……10g

●代用いろいろ
鶏肉→鴨肉ならもっと美味。
ラード→鴨の脂を使うのが本来の作り方。
サラダ油→ラードに対して1：1まで増やせる。

●鍋　直径25㎝ぐらいの鍋

●煮込み時間　1時間半

●保存容器　ふたができるもの

●使った油脂は、再度コンフィ作りに使える。塩気がきつくなりすぎるまでは何回でもOK。

3 火を消して粗熱をとり、さわれるぐらいに冷めたら密閉容器に鶏肉を移す。鍋の中の上澄みの油脂だけをそっと玉杓子ですくって鶏肉がかぶるまで注ぎ入れる。油脂の下層の肉汁は別容器に移す。いずれも冷蔵庫へ。

●ぼくは安全性を考えて、コンフィは1か月を限度に使いきるようにしています。

1 前日に、鶏もも肉に塩をふり、手でよくもみ込む。バットにのせて冷蔵庫に入れておく。臭みのある水分を抜きつつ塩をなじませる。

コンフィを使った定番メニュー
ロースト仕立て
Confit de cuisses de poulet
[コンフィ・ド・キュイッス・ド・プーレ]

コンフィはローストにして食べるのがもっとも一般的。生の鶏肉をソテーするよりも皮がバリッと焼き上がって肉はしっとり。脂で煮て、さらに脂に漬けた鶏肉と聞くと、脂っこい料理をイメージしがちですが、鶏肉は水やワインで煮るほうが、脂が溶けずに残るものです。逆に脂は脂にとてもよく溶けますから、コンフィにするほうがかえってあっさりいただけます。

■材料（4人分）
鶏もも肉のコンフィ……4本
コンフィの油脂とジュ（下記参照）……各適量
つけ合わせ
じゃがいも……2〜3個（400g）
A「バター、パセリ（みじん切り）、
　　にんにく（みじん切り）……各適量
　└塩……ひとつまみ
黒こしょう……少量

1 じゃがいもを皮つきのまま乱切りにし、コンフィを漬けた油脂で揚げる。中まで火が通ったらじゃがいもをフライパンに移し、Aを加えてさっと炒め合わせ、黒こしょうをふる。

2 鶏肉のコンフィについている油脂をぬぐいとる。

3 フライパンを熱して、コンフィを皮目を下にして入れ、皮にしっかりと焼き色がつくまで焼く。身のほうはさっとあぶる程度に焼く（写真a）。

4 器に **1** と **3** を盛りつける。コンフィのジュをよく熱して、ソースとして適量鶏肉にかける（写真b）。

Advice　この料理にはじゃがいものスープなどが合いますが、つけ合わせをじゃがいもにしたときは、とうもろこしのポタージュなどを添えてはどうでしょう。ビストロの定食のような感じですね。

a　　　　　　　　　　b

コンフィ作りのおいしくて大事な副産物
「油脂」と「ジュ（肉汁）」

コンフィを作ったあとに残る油脂、そして油脂の下にたまっている鶏のジュ（肉汁）はとてもおいしい調味料になります。捨てずに、いろいろな料理に利用します。

油脂

ジュ（肉汁）

油脂は旨み入りバター

煮るのに使った油脂は使いまわしができ、使うたびにおいしくなります。しかし塩分も強くなるので、鶏肉への下味は少しずつ控えめにしていきます。ぼくの経験では使用回数にもよりますが1年ぐらいは使えます。またこの油脂は鶏肉や野菜のソテーに使うと、サラダ油よりずっと旨みのある仕上がりに。バターのように気軽に使ってみてください。

ジュは旨みの素

肉汁のことをフレンチではジュ（jus）といいます。このおいしいエキスは、冷蔵するとゼリー状に固まり、熱すると溶けます。たとえば鶏ローストの味つけや、魚介のソテーの味つけにかけたりできますし、ソースの味を深めたいときなどに加えたりもします。ジュは塩味があるので、使うときは料理の塩分を控えめにします。

上の層の油脂をとったあと、下に残ったのがおいしいジュ（肉汁）。

コンポート
Compotes
[コンポート]

フルーツを甘く煮た保存食がコンポート。フランスの
フルーツの楽しみ方のひとつで、生とは違った味わい
が楽しめます。またプラムなどのドライフルーツは、
煮ることで柔らかく食べやすくもなります。しかし日
本でフルーツというとフレッシュ感が大切。そのため
ぼくはコンポートといっても長くは煮ません。歯ごた
えやみずみずしさを残すため、甘く風味のよい煮汁に
漬け込む程度にしています。

桃とプラムのコンポート

Compote de pêches et pruneaux au vin rouge à la glace vanille

[コンポート・デ・ペーシュ・エ・プリュノー・オー・ヴァン・ルージュ・ア・ラ・グラス・ヴァニーユ]

フルーツはどんな料理のあとでもおいしくいただけるオールマイティなデザートです。桃だけ、プラムだけでもいいですし、アイスクリームなしでも素敵です。桃は皮をいっしょに漬け込むと、ほんのり自然なピンク色になります。

■作り方
器にコンポートにした桃とシロップを盛りつけ、プラムの赤ワイン煮、バニラアイスクリーム（市販品でよい）をのせる。最後にプラムの煮汁をかける。

プラムの赤ワイン煮

Pruneaux au vin rouge

[プリュノー・オー・ヴァン・ルージュ]

■材料
プラム（大粒。種つき）……600g
A ┌ 赤ワイン……500㎖
　├ クレーム・ド・カシス……80㎖
　└ グラニュー糖……20g

1 鍋にAを入れて弱火で熱する。煮立ってきたらプラムを加え、ひと煮立ちしたところで火を止める。そのまま鍋の中で粗熱がとれるまで冷ます。

2 冷めたら煮汁ごと保存容器に移し、冷蔵庫で保存する。長期保存可能。

桃のコンポート

Compote de pêches

[コンポート・ド・ペーシュ]

■材料
桃……4個
グラニュー糖……150g

1 桃の割れ目（へこみ部分）に包丁を入れる。桃をつけたまま刃を上に向け、包丁の背をトントンとまな板などに落としながら少しずつ切り進める。種ごときれいに2つに割れる。

2 鍋に湯を沸かし、桃を3秒ほどくぐらせてから冷水にとる。種を取り除き、皮をむく。皮は捨てない。

3 小鍋に水450㎖（分量外）とグラニュー糖を入れて温める。グラニュー糖が溶けたらアスコルビン酸を加え、シロップとする。保存容器に桃と皮を入れ、シロップを熱いうちに注ぐ。キッチンペーパーをかぶせて冷まし、粗熱がとれたら冷蔵庫で冷やす。1週間くらい保存可能。

アレンジ1　気軽に作れるケーキに
クリームも型も不要の素朴なスタイル

プラムのタルト

Terte aux pruneaux cuits au vin rouge

[タルト・オー・ブリュノー・キュイ・オー・ヴァン・ルージュ]

フランスの家庭でごちそうになった思い出のタルトです。カスタードなどがなくても、こんなにおいしいのかと驚きました。他のフルーツでも応用できます。

■材料 (4〜6人分)
バター（冷蔵庫で冷たくしておく）……100g
A ┌ 薄力粉……80g
　└ 強力粉……80g
B ┌ 牛乳……15㎖
　│ 全卵……40g
　│ グラニュー糖……15g
　└ 塩……小さじ1/2
バター（溶かしバターにする）……大さじ1/2
C ┌ 強力粉……25g
　└ グラニュー糖……25g
プラムの赤ワイン煮 (P.117)……15粒

●オーブン　170℃に予熱する。

1 ボウルに材料Aを入れ、冷たく堅いバターを小角に切って加え、手で粉類とすり混ぜる。バターと粉がそぼろ状に混ざったら、材料Bを加えて軽く混ぜ合わせる。

2 生地がざっとひとまとまりになったら、ラップでぴったり包んで冷蔵庫で30分以上休ませる。

3 休ませた生地をオーブンシートの上に出し、麺棒で薄くのばす。天板に移し（パイ皿でもよい）、フォークなどで穴をたくさんあける。アルミホイルをかぶせ、重石（米でもよい）をのせ、170℃に温めたオーブンに入れ、25分ほど焼く。粗熱がとれたら溶かしバターを刷毛で塗る（写真a）。

4 プラムの種を取り除いて縦2つに切る。

5 材料Cを混ぜ合わせ、生地の中央部に広げ、プラムを並べる（写真b）。

6 170℃に予熱したオーブンに入れ、10分ほど焼く。食べるときに粉糖（分量外）をふってもよい。

a

b

豚肉とプラムの煮込み

Poitrine de porc braisée et pruneaux au vin rouge

[ポワトリーヌ・ド・ポール・ブレゼ・
エ・プリュノー・オー・ヴァン・ルージュ]

プラムと豚肉を組み合わせた煮込みは、フランスの古典的な料理としてとても有名なもの。ぼくはこれをプラムの赤ワイン煮の煮汁を利用して作ります。プラムの実を直接加えて煮ると味の調整がしにくいうえに、煮くずれてきれいにでき上がらないためです。豚肉は甘酸っぱいフルーツとの相性がよい素材です。バランスよく上品にまとめた肉とフルーツのハーモニーを楽しんでください。

■材料（4～6人分）

豚ばら肉の塩漬け（作り方はP.69）……600g
オリーブ油……大さじ1
プラムの赤ワイン煮（P.117）……16粒
ガストリック用
　┌ 赤ワインヴィネガー……20mℓ
　│ グラニュー糖……20g
　└ 粒黒こしょう……7粒
赤ワイン……400mℓ
A ┌ プラムの赤ワイン煮の煮汁……100g
　└ クローブ……3本

●鍋　圧力鍋もしくは直径20cmくらいの厚手鍋。ガストリックを作る小鍋

●煮込み時間　圧力鍋で30分。普通の鍋なら90分（ただし必ず水をたしながら煮ること）。

1　フライパンにオリーブ油を温め、豚肉の塩漬けを入れて焼く。肉から脂が出ても捨てずに、表面にかなり黒い焼き色がつくまでしっかり焼く。

2　調味液（ガストリック。P.120参照）を作る。黒こしょうを包丁の腹でつぶす。小鍋にグラニュー糖を入れて弱火にかける。溶けて薄く色づいてきたら、黒こしょうを加え、赤ワインヴィネガーを一気に加えて混ぜ合わせる（写真a）。カラメルがむらなく溶けたら赤ワインを加え、ひと煮立ちさせて火を止める。

3　圧力鍋に1の肉を入れ、2の調味液、材料Aと水200mℓ（分量外）を加える（写真b）。ふたをして火にかけ、蒸気が出てから弱火で30分（普通の鍋の場合は約90分）煮る。

4　煮えた肉をスライスして盛りつけ、赤ワイン煮のプラムと3の煮汁を添える。肉は煮汁につけて冷蔵しておけば2週間は保存可能。

a　　　　　　　　　　　　b

谷シェフの食材&調理用語

ガストリック

酢と砂糖で作る軽くカラメル化した甘酸っぱい調味液のこと。ソースのベースなどにしばしば使われ、鴨のオレンジソースという有名な料理では必須アイテムです。甘酸っぱい調味液なので濃厚な味わいの肉料理によく合います。作り方は砂糖を焦がしてカラメル化したところに酢を加えて溶きのばします。参考レシピはP.119をご覧ください。

クレーム・ド・カシス

カシスは黒すぐり、英語でブラック・カラントという木の実。これをワインやアルコールに漬け込み、熟成させ、さらに砂糖を加えてからろ過したリキュールです。ベリー特有の風味のよさとなめらかな甘みがあります。ぼくの赤ワインソースでは欠かせない材料で、香りの弱いワインを使っても、これを少し加えることで芳醇でまろやかな風味を出すことができます。使い方しだいで優秀な調理酒になりえます。ただし使いすぎると単に甘いだけの料理になってしまうので注意してください。

骨髄

骨の中心部分で、造血組織や脂肪組織があるところ。スープをとるときには鶏がらなどの骨を使いますが、これは骨髄からよい味が出るためです。そのため、使うときには旨みが出やすいように輪切りにしたり、ひびを入れます。こうすると骨からもゼラチン質が出やすくなります。

コルニション

長さ3〜4cmの小さなきゅうりのことで、このきゅうりを使ったピクルスもコルニションと呼びます。塩と酢だけで作る甘みのないピクルスで、きりっとした酸味が、薬味として料理の味を引き締めます。瓶入りになって市販されています。

サフラン

この赤い香辛料は、食材を鮮やかな黄金色に染めます。ふくよかな芳香があり、ブイヤベースにはサフランの色と香りを欠かすことができません。黄金色のパエリアもサフランが用いられています。香辛料にされるのは、雌しべ。採取に手間がかかるうえに1kgのサフランを得るのにおよそ16万本の花が必要といわれ、そのためスパイスのなかではとびきり高価です。でも使うときには思いきりよく。色をつけるだけではなく、よい風味をつけたくて使うわけですから、ためらわずに必要量を。そのほうが断然おいしいですから。

塩

ぼくが使っているのは「伯方(はかた)の塩」(商品名)。にがりと同様の成分が添加されていて、やや旨みがあります。けれど湿気やすくてかたまりやすいので、ときどきフライパンでから煎りして水分をとばし、ざるでこし、細粒のさらさら状態にして用意しておきます。こうしておけば塩をぱらぱらと均等にふれます。いわば自家製焼き塩ですね。

塩こしょう

ぼくの辞書には「塩こしょう」という合成語はありません。こしょうはあくまでもこしょうの香りと辛みが必要なときに使うもの。塩をふるときに自動的にいっしょにふるものではありません。特に焼きものの場合、高温で熱すると焦げ臭くなってしまうし、煮込み料理の場合は最初から入れると苦みが残ってしまいます。こしょうはタイミングを考えて使います。この本で使っているのは黒こしょう。すべて粗びきですが、ぼくは料理に合わせてひき加減を調整しています。こしょうは粒を買って、そのつど、ひいて使ってもらいたいですね。空気に触れると香りはどんどん消えてしまうので。香水と一緒です。温めなおして召し上がるときは、仕上げにこしょうを追加してもいいですね。

シチュー

フランス語にはシチューにぴったり該当する言葉が見当たりません。シチューはいうまでもなく英語で、意味は弱火で煮込むこと。この意味にいちばん近い言葉は、ラグー(ragoût)ということになるでしょう。

太陽と大地

ぼくがどんなに頑張ってみてもかなわないもの。以前にフランスに出かけて、知り合いの家庭で食事をごちそうになったときのこと。目の覚めるようなおいしい料理に出会って「どうするとこんなふうにおいしくできるの?」とその家の夫人に尋ねました。すると「それはね、太陽と大地のおかげよ」とさらりと答えが返ってきた。料理人にできることなんて大したことじゃないんです。

縦に切る

ぼくはよく素材を大きく縦切りにしたまま提供します。たとえばにんじんのグラッセ (P.82) やかぼちゃのソテー (P.84)、下のポトフーを見てください。なぜならにんじんでし

たら、芯部と皮近くではぜんぜん味が違うからです。ズッキーニだって桃だって、日の当たる上部と当たらない下部とでは風味が違いますし、甘みも違います。この違いを含めて、素材の味をまるごと楽しんでほしいと思うのです。そのほうが食べ手にも部位の偏りがなく、持ち味をすべて体験してもらえます。

ディスペンサー

ぼくはオリーブ油やドレッシングなどをいつもディスペンサーに入れて使っています。先を好みの細さにカットできるので、出具合の調整ができて、サラダでボウルの縁に回し入れるときも便利。分離したドレッシングは先を押さえてふり混ぜれば、あっという間に乳化状態に戻ります。

トマトの湯むき・焼きむき

トマトの皮は煮ても柔らかくならないので、煮込み料理でも口に残って料理の味を損ないます。そのため皮はむいて使うのが原則です。まず熱湯やじか火で加熱して、急激に冷やすとくるりと簡単にむけます。

鍋に湯を沸かし、ここにトマトを入れ、１、２、３とゆっくり数えるぐらい熱します。

すぐに氷の入った冷水に入れて冷まします。

粗熱がとれたら包丁で皮を引き起こしてむきます。

焼きむきする場合

トマトのへた部分にフォークを刺し、じか火にかざして全体を焼きます。皮がパチッと裂けたら、氷を入れた冷水に入れて冷まし、皮をむきます。トマトを１個だけむくときには湯むきより焼きむきのほうが手間がかかりません。

鶏がらスープの素

中華食材として売られている顆粒のだしの素です。化学調味料無添加のものがおすすめです。野菜料理など繊細な香りを大切にしたいときには、ブイヨンキューブではなく鶏がら系のスープの素を使います。余分な香りがついていないので、素材の香りを損なわずに使えます。

鶏もも肉の２つ切り

鶏もも肉を関節ですぱっときれいに切るコツを教えましょう。まず鶏もも肉を身を上にして置き、関節部にある脂肪の筋を確認します。そしてこの少し先端寄りに包丁を入れます。刃を左右に少し動かして骨のくぼみ部分（関節）をさがし、くぼみがわかったら一気に刃を強く入れればすっと切れます。

生クリーム

店のキッチンにある生クリームは乳脂肪38％のもの。一般の生クリームは45％が多いので、ぼくはやや脂肪の少ないタイプを使っていることになります。日本の生クリームはなぜか料理にすると重くなってしまうからです。どちらを使うかはお好みですが、植物性のクリームは煮込み料理の風味を落としますし、乳化剤入りのホイップクリームは食感を悪くするのでおすすめできません。

風味づけマジック

煮込みやソース作りの最後に、レシピにはないひとさじの風味づけをすることがあります。完成度が一気に高まる「谷マジック」です。上質なワインやコニャック、クレーム・ド・カシス、ポートワイン、ワインヴィネガーなどから、そのときの味みのインスピレーションで、必要と感じたものを加えます。そして加えたらすぐに火を止めます。いきいきした風味を残すためです。使うのはたいてい１種類で多くても２種まで。４人分で小さじ１／２程度です。この仕上げのひとさじでおいしさの全体感が高まるように変身させます。何を加えるかは、同じ料理でも、素材の持ち味や調理方法の微妙な加減で違ってきます。そのためレシピにはそれぞれ明記しませんでしたが、自分の感性で最後の風味づけマジックにトライしてみてください。

バター

ぼくが料理で使っているのはすべて食塩不使用のバターです。フランスでも調理には食塩不使用のバターを使用します。なぜならバターに塩味がついていると、バターを使っただけで料理に味がついてしまい、塩味の調整ができないから。ぼくが愛用しているのはカルピスバター。くせがなく自己主張をしない、料理を邪魔しないバターだから、というのが理由です。

ビーツ

砂糖大根（甜菜）の仲間で、フランス語ではベトラーヴ。ビーツは英語です。食用にするのはおもに根で、濃い赤紫色をしています。ボルシチなどロシアや東欧の料理によく使われ、料理の赤い色はこの紅色色素が溶け出したものです。服につくと落ちないので気をつけてください。

フィーヌ・ゼルブ

いくつかのハーブを取り合わせてみじん切りにしたもの。今回のレシピではセルフィーユ、ディル、イタリアンパセリの葉を摘みとってミックスし、できるだけ細かく刻んで使いました。ハーブを使うときには、香りが抜けるので水にはさらしません。もし刻んだものが余ったら、ひたひたのオリーブ油に漬けて保存してください。

ブーケガルニ

一般に煮込みやブイヨン作りに不可欠とされている香味野菜とハーブのセット。しかし、ぼくは使いません。このためにわざわざ材料をそろえたり、香りを移したら捨ててしまうなんてもったいない。本当にセロリの香りが必要な料理なら、具材としても食べられるくらいの量を使います。またローリエを入れるのも習慣になっているだけで、その料理に本当に必要な風味であるのか考えられていないケースが多い気がします。必要なときに必要な素材を使えばよく、ブーケガルニとしてハーブを加える必要はないのではないでしょうか。気休めのためなら使わなくても大丈夫のはずです。

フェヌグリーク

スパイスのひとつで種子と葉の2種がありますが、ガラムマサラに使用したのは粗挽きの種子のほう。ほろ苦く砂糖を焦がしたような香りがします。煎って挽くとカラメルのような甘い香りがします。インドやトルコなどで古くから使われています。

フヌイユ

英語ではフェンネル、和名はういきょう。葉はハーブとして、種子はスパイスとして、肥大化した茎は野菜として使います。糸のように細い葉は、魚のハーブという別名もあるぐらいに魚介料理によく使われます。

フロマージュ・ブラン

フランス産のフレッシュチーズ。発酵後、熟成させずに適度に水分を抜いたクリーム状の白いチーズです。ほのかな酸味があって、まろやかな味わいです。塩と小口切りのシブレットをふり、前菜として、また食事の最後のチーズとしていただきます。デザート作りでも使いますが、ジャムやはちみつなどを直接混ぜて食べるのは日本的なスタイル。甘くして食べるのはフランスでは朝食のときぐらいでしょう。

ポロねぎ

フランス語でポワロー、英語でリーキと呼びます。日本のねぎに比べて、太く、炒めたときの甘みと香りが強いのが特徴です。ないときは下仁田ねぎでもよいですが、普通の長ねぎで代用するのは難しいでしょう。ポロねぎの葉の間に砂汚れが入っていますが、これは外から洗っても完全には落ちません。先に細かく刻んでから、たっぷりの水に浸して汚れを落とします。

マティニョン

香味野菜のにんじん、セロリ、玉ねぎなどを2～3mm角に小さく切って、バターでよく炒めたもの。つけ合わせや詰めものにしたり、ソースの仕上げに加えることもあります。野菜の風味が凝縮しているので、味がアップしてまろやかになり、おいしさの素としての役割を果たしてくれます。ときにはベーコンなどを混ぜて作ることもあります。

ミロワール

フランス語で鏡という意味の言葉で、料理では鏡のように光り輝くような状態のことをいいます。たとえば、赤ワインをつやつやした輝きが出るまでぐーっと煮つめると下の写真のようなミロワール状になります。ここまで煮つめて旨み、風味を凝縮させ、ソースなどの風味づけに使います。

レンズ豆

丸く平たい形をした豆で、エジプト、インド、南ヨーロッパ、中東などで広く食用にされています。日本ではほとんど栽培されていないので、乾燥品が輸入されています。ほかの乾燥豆のように使う前に長時間水に浸してもどす必要がなく、煮込みやスープならそのまますぐに使えるところも魅力です。この本では緑レンズ豆を使いましたが、好みの種類でかまいません。

ワイン

おなじみのこのぶどうの醸造酒は、料理酒としても活用。おいしい高級ワインで作ると料理もおいしくなる、という人もいますが、ぼくは安いものでも充分だと思っています。高価なワインをけちけち使うよりも、安いワインを心おきなく豪快に使うほうがおいしくなるからです。赤ワインを使う料理でワインが力不足なら、クレーム・ド・カシスの力を借りる手もありますし、香りをつけるため

なら、飲むために用意した風味のよいワインを仕上げに少量ふればよいのです。煮込み料理には赤はタンニンの強いカベルネソーヴィニヨンが合うように思います。

ワインヴィネガー

ワインを酢酸菌で酢酸発酵させて作ったお酢です。米酢に比べるとフルーティでさわやかな酸味です。赤ワインと白ワインがあるようにワインヴィネガーにも赤と白があります。使い方はテーブルで飲むときのワイン選びと同じ。牛肉などには赤、魚や鶏肉には白のワインヴィネガーを基本にしています。ぼくが使っているのは、もっともよく売れているタイプのものです。

本書に出てきたソース類

ソース・ヴィネグレット

Sauce vinaigrette
[ソース・ヴィネグレット]

それほど酸味のきつくないマイルドなフレンチドレッシングです。塩味は、油を加える前につけるのがポイントです。

■材料（でき上がり150㎖）
ピュアオリーブ油……120㎖
フレンチマスタード（粒なし）
　……小さじ1
白ワインヴィネガー……大さじ2
塩……小さじ1/2

1 きれいなボウルにマスタード、塩、白ワインヴィネガーを入れ、泡立器で塩が溶けるまで混ぜる。

2 オリーブ油をたらたらと少しずつ加えながら、泡立器でしっかりと混ぜ合わせる。

ソース・ベシャメル

Sause béchamel
[ソース・ベシャメル]

基本的なホワイトソースです。各種のグラタンやドリアに使ったり、魚介や鶏肉料理のソースにも利用してください。

■材料（でき上がり180㎖）
強力粉……10g
バター……10g
牛乳……200㎖
塩……小さじ1/3

1 小鍋にバターを入れ、弱火で完全に溶かす。

2 バターが溶けたらすぐに強力粉を一気に入れる。色をつけないように木べらで混ぜながら弱火で炒める。

3 炒めていくと、一度まとまり、さらに炒めていくと少しずつ液状になってくる。

4 さらさらした液状になり、全体が泡立ってきたら、牛乳を少しずつ加え、溶きのばすように混ぜる。塩も加える。牛乳を入れ終わり、ひと煮立ちしたら火を止める。茶こしでこす。

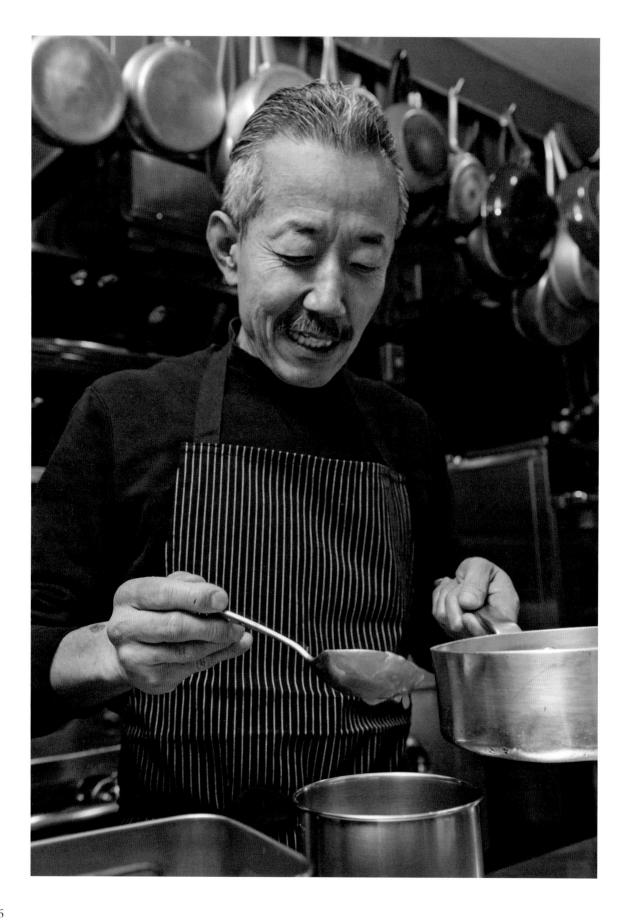

あとがき

本書の初版から20年。改定本の出版にあたり、ひとつひとつの料理を見直して思ったのは、古さを感じさせない！ということでした。料理には流行りすたりのあるものも多いけれど、「スープと煮込み」には一時の流行に左右されない伝統の重みがあるからでしょうか。そこにもうひとつ加えるなら、ぼく自身が昔から志向してきたスタイル——素材に寄り添ったシンプルな料理によるところも大きいのではと自負しています。

フランス料理はこれまで「足し算の料理」と言われてきました。食材を重ね合わせ、凝縮することで旨みを追求するのが王道だったからです。しかし、質のよい素材が出回るようになり、日本でも本場フランスでも昔ほどの足し算の意味がなくなっています。ぼくはもうかなり以前から、余分なものは思い切ってそぎ落とし、主役にはとことん主役を演じさせる調理法を探求してきました。その手法はこの先、さらに時代をへても色あせることはないだろうと思っています。

そんなぼくの料理の下地になっているのは、フランスで学んだ地方の料理です。ブルターニュ、南仏、アルザスなど、フランスの端っこの田舎ばかりを巡ってきましたが、その土地の産物や風土が作り出す、シンプルでいながら個性の際立った料理に心底ほれ込みました。大都会の最先端を行く最新の料理は最新ゆえに古くなるのも早いのですが、長いこと土地に根ざしてゆっくりと洗練を続けてきた料理には、古さと新しさの垣根がない永遠のもののような気がしています。

さて、この20年で、食材はますます豊かになり、よりよいものが届くようになりました。肉も魚も野菜も調味料もそれぞれの持ち味が力強く、研ぎ澄まされている。以前はわずかながらブイヨンキューブの旨みやアスコルビン酸の酸味に頼っていた部分も、ほぼ必要がなくなりました。本書ではそれらを除いたことが唯一の変更点です。

この本をお手にとってくださったみなさんには、毎日の献立にぜひとも役立ててほしいものです。ただし、レシピに縛られぬように。本書の最終目的は読者の方々のオリジナルな料理ができていく、その手助けをすること。教科書通りにしなくても、できなくてもいいんです。失敗することもあるでしょうが、それは大切な気づき。失敗から学ぶことは多く、ぼく自身もいまだに失敗は数知れません。「かまどの神様」がみなさんにほほ笑む日は必ずやってきます。

2021年11月
「ル・マンジュ・トゥー」
オーナーシェフ　谷 昇

Profile

谷 昇 Tani Noboru

1952年8月4日生まれ。東京都出身。血液型はA型。アンドレ・パッション氏率いる六本木「イル・ド・フランス」でフレンチの世界に入る。24歳で渡仏。帰国後レストランのシェフや調理師学校講師を経て、37歳で再びフランスへ。アルザスの3つ星レストラン「クロコディル」や2つ星レストラン「シリンガー」などで修業をする。帰国後は「オー・シザーブル」などでシェフを務めたあと、94年「ル・マンジュ・トゥー」のオーナーシェフに。2006年に同店改装リニューアル。著書に『素描するフランス料理』『ル・マンジュ・トゥーの全仕事』(柴田書店)、『ビストロ流 ベーシック・レシピ』『ビストロ流 おいしいソース・レシピ』(世界文化社) など。2012年、辻静雄食文化賞専門技術者賞を受賞。

ル・マンジュ・トゥー
Le Mange-Tout

権威ある格付け本でも連続して高い評価を受けるフレンチの名店。1階は谷シェフが腕をふるうオープンキッチン、客席は2階にあり、全10席。シェフ厳選の旬の素材による洗練を極めたコース料理が供される。

東京都新宿区納戸町22　TEL 03-3268-5911
営業時間18:30～21:00 (ラストオーダー)
日曜定休 (祝祭日は営業)
http://www.le-mange-tout.com
Instagram アカウント：lemangetout

Staff

撮影	白根正治
	原 務 (人物、P.14～15、59、99、106～107、120～123)
ディレクション	後藤晴彦
ブックデザイン	鳴島幸夫
DTP制作協力	株式会社明昌堂
編集協力	河合寛子
編集部	川崎阿久里

撮影協力

ル・クルーゼ ジャパン(煮込み鍋)
　https://www.lecreuset.co.jp/
グループセブジャパン(圧力鍋)
　https://www.t-fal.co.jp/
ツヴィリング J.A. ヘンケルスジャパン (ブレンダー)
　https://www.zwilling.com/

＊本書は『別冊家庭画報　ビストロ仕立てのスープと煮込み』(2001年刊行)を底本をし、『ビストロ流 ベーシック・レシピ』(2013年刊)、『ビストロ流 おいしいソース・レシピ』(2015年刊)のビジュアルの一部を加えて再編集したものです。なお、再録にあたり、材料やレシピの一部を改定しました。

ビストロ流　谷 昇シェフのスープと煮込み

発行日	2021年11月20日　初版第1刷発行
著者	谷 昇
発行者	竹間 勉
発行	株式会社世界文化ブックス
発行・発売	株式会社世界文化社
	〒102-8195
	東京都千代田区九段北4-2-29
	電話　編集部 03 (3262) 5129
	販売部 03 (3262) 5115
印刷・製本	株式会社東京印書館